# 犯罪加害者と表現の自由

「サムの息子法」を考える

# 犯罪加害者と表現の自由

## 「サムの息子法」を考える

松井茂記 Shigenori Matsui

岩波書店

# はじめに

小学校に突然侵入し、児童八人を殺害し、児童・職員一五人に傷害を負わせた二〇〇一年の大阪教育大学附属池田小学校殺傷事件、通り魔的犯行によって七人を殺害し、一〇人に傷害を負わせた二〇〇八年の秋葉原無差別殺傷事件、神奈川県相模原市の知的障害者施設に元職員が侵入し、入所者一九人を殺害し、入所者・職員二六人に傷害を負わせた二〇一六年の相模原知的障害者施設殺傷事件など、人々を恐怖に陥れるような凶悪事件は後をたたない。一体なぜこのような事件が起こるのであろうか。いずれも公衆の強い関心を呼び、マス・メディアの広汎な報道が行われたが、犯罪加害者本人が事件について語ることを聞くことは少ない。

では、犯罪加害者がその犯した犯罪について書籍を出版したり、その書籍に基づくテレビドラマや映画の作成に同意したりして表現行為を行うこと又はそれにより収益をあげることは、許されるのであろうか。それともこれらの表現行為やそれによって収益をあげる行為は禁止し、あげた収益は強制的に取り上げるべきであろうか。

神戸連続児童殺傷事件の加害者元少年Aが二〇一五年に出版した書籍『絶歌』[1]をめぐって、こういった問題に関し激しい議論が起きたことは今でも記憶に新しい。被害者の少年の父親土師守氏は、出版に対し強い不快感を示し[2]、このような不快感に共鳴し、何らかの措置をとることを求める声が強く起きた。[3] 出版社は、出版を擁護する弁明を公表したが、[4] 多くの者は被害者及びその家族の立場を擁護し、何らかの措置を求めていたように感じられる。事件から一九年が経過した二〇一六年五月にも、土師氏は改めて手記を公表し、出版に不快感を表明した。それによれば、

「昨年六月に、加害男性は被害者や遺族に何の断りもなく、被害者をさらに傷つけるような手記を出版しました。殺人などの重大事件の加害者が、自分が犯した犯罪に関する書籍を出版することは、被害者の精神へのさらなる加害行為といえます。『表現の自由』とは別次元の話だと思います。本来でしたら、出版そのものが禁止されるべきであると思いますが、最低でも何らかの規制は必要であると考えています」。[5]

結局、本の出版に対して何らの措置はとられなかったが、この問題は、今後も大きな争点となりうるものと思われる。実際、二〇一八年には、相模原市の知的障害者施設殺傷事件で起訴されている植松聖被告とのインタビューなどをまとめた書籍『開けられたパンドラの箱』[6] が発行され、激しい議論を呼んだ。[7] これは加害者が執筆した書物ではなく、障害者の家族の声や精神科医の意見も加えて、事件を風化させないようにという動機で出版されたものだと言われる。しかし、障害者に対する独善的な偏見や意思疎通がとれない人間は安楽死させるべきだといった危険な加害者の主張がそのまま掲載されており、被害者家族をさらに傷つけ、誤った考えを広げ、しかも事件や被告の行為をいわば肯定し、礼賛する結果となり、そして同種の重大事件を招くと出版に強い批判の声が起きた。ここでは収益よりも出版それ自体が焦点となっているが、同じような論点が問題となっていると言えよう。

『絶歌』出版の際にも指摘されたように、実はアメリカには「サムの息子法」と呼ばれる法律が存

在し、ほとんどの州がこの問題に対処している。これは、犯罪を犯して有罪判決を受けた人が、その犯罪に関して表現行為を行うことそれ自体を禁止するものではないが、表現行為による収益を剝奪し、被害者救済に回す法律である。そこで、日本でも、日本版の「サムの息子法」の制定を主張する声が聞かれた。[8] だが、実は、もともとこのような「サムの息子法」の発祥の地であり、ほとんどの州法のモデルとなったニューヨーク州の「サムの息子法」は、合衆国最高裁判所によって、表現の自由を保障した合衆国憲法修正第一条に照らし違憲と判断されている。[9] その結果、ニューヨーク州法をモデルにして制定されたほとんどの州法も実質的に無効となった。それがそのまま残されていれば、その有効性には大きな疑問が寄せられよう。違憲判決後、幾つかの州では「サムの息子法」は廃止されたが、かなりの数の州では、指摘された問題点を避けるために改正が施された。それでもこれらの法律が支持されうるのかどうかは、今なお定かではない。この問題はそう単純な問題ではないのである。

カナダでも、つい最近同じような問題が生じた。ブリティッシュ・コロンビア州で連続殺人を理由に有罪とされ、刑に服しているロバート・ピクトン受刑者が、その犯行に関する書物をアメリカで出版し、アマゾンで販売したことに対して、被害者家族から強い反発が起き、州政府のクリスティ・クラーク首相も、何らかの対策の必要性を主張した。実はカナダでも、半数の州でこのような犯罪加害者がその犯罪に関する表現行為によって収益を上げることに対応する州法が制定されているが、それにもかかわらずブリティッシュ・コロンビア州のように、そのような州法が存在しない州が残されていた。それでいて、全国的に統一的な措置を定める連邦法が存在しない。そこで、そのような州法が存在しない州での新たな立法の必要性と、さらには連邦法の制定の必要性を主張する声が上がったのであった（後述するように、ブリティッシュ・コロンビア州は急遽これに対処する法律を制定した）。

果たして、日本で「サムの息子法」を制定することは、表現の自由を保障した日本国憲法第二一条のもとで許されるであろうか。もし許されるとすれば、このような法律を日本でも制定すべきであろうか。この小稿では、アメリカ及びカナダの議論を参考にしながら、日本において「サムの息子法」を制定することの許容性及び必要性について考えてみたい。

本書の出版にあたっては、学習院大学の紙谷雅子教授、京都大学の木南敦教授、立命館大学の市川正人教授からいろいろと御教示をいただいた。また出版に際しては、岩波書店編集部の伊藤耕太郎さん及び清水御狩さんのお世話になった。ここで感謝したい。ただし、もし過ちがあれば、それは全て私の責任である。

二〇一八年六月　バンクーバーにて

著者

# 目次

# 第一章　アメリカにおける「サムの息子法」

## 1　「サムの息子法」の背景

### 「サムの息子」事件

一九七六年から一九七七年にかけて、ニューヨーク市の住民、特に女性たちは恐怖におののいていた。一九七六年七月二九日、ニューヨーク市のブロンクスで、ドナ・ローリアとジョディ・バレンティの二人の女性が車の中で話をしていたところ、通りがかった男に銃撃され、ドナは即死した。この事件を皮切りに、ニューヨーク市の各地で、同じ銃を使ったとみられる連続殺人事件が発生したのである。被害者はすべて女性であった。一九七七年四月一七日、同じくブロンクスで、アレクサンダー・エソーとバレンティナ・スリアニが車の中で話をしていたときに、同じように通りがかりの男に銃撃され、バレンティナは即死、アレクサンダーも病院で死亡した（アレクサンダーは女性と間違われて殺害されたと考えられている）。この事件で、加害者と思われる人物が自らを「サムの息子」と名乗り、手書きの犯行声明を残した。これからも犯行を続けること、彼を止めるためには、殺すしか方法はないことを表明していた。警察は、この犯行声明を公表しなかったが、犯行声明はマス・メディアに漏れ、「サムの息子」の名前は、ニューヨーク市ばかりか全米で知れ渡るようになった。

最終的に容疑者として逮捕されたのは、デビッド・バーコビッツ容疑者。彼には六人を殺害し、七人に傷害を負わせた容疑がかけられた。彼は犯行を認めた。彼の説明によれば、彼の元隣人であったサムの犬が悪魔に取り憑かれて、彼に美しい若い女性の血を捧げることを命じたため犯行に及んだということであった。彼は結局それぞれの殺人事件で有罪とされ、[1] それぞれに二五年の禁固刑から終身刑が宣告され、[2] 連続して刑が執行されることになった。[3] 今なお彼は刑務所に収容されている。

## ニューヨーク州の「サムの息子法」

この事件は、マス・メディアの強い関心を呼び、バーコビッツ受刑者は、そのストーリーを出版社又は映画会社に高額の契約金を受け取って売るのではないかとの憶測を呼んだ。これを阻止すべくニューヨーク州議会は、取り急いでこれに対処する州法を制定した。これが「サムの息子法」と呼ばれる法律である。

制定されたニューヨーク州執行法第六三二 a 条は、犯罪者が犯罪に関する表現活動から得られた収益をまずは犯罪被害者の救済に回すことを意図して制定され、のちに合衆国最高裁判所でその合憲性が問題とされた時点では、「犯罪で有罪判決を受けた人」と犯罪に関する表現行為の契約を締結する「当事者」に、契約書をニューヨーク州被害者救済委員会に提出することを求めていた（第一項）。[4] そして、この法律の適用があると認められると、契約を締結した当事者及び契約を締結した犯罪者には、得られる収益をエスクロー(escrow)することが義務付けられ、エスクローののち五年の間に被害者が裁判所に損害賠償を求めることができるようになる(同)。五年の経過ののちもし訴訟が提起されなければ、エスクローされた収益は有罪判決を受けた人に返還される(第四項)。このエスクロー後五年間の訴訟時効は、他の訴訟時効よりも優先する(第七項)。それゆえ不法行為の通常の訴訟時効で不法行為訴訟ができなくなって以降でも、訴訟提起が可能である。

エスクロー制度とは、一種の信託であり、一定の金銭が、一定の受益者のために、受託者の保管の下に置かれる。例えば、アメリカやカナダなどでは、不動産を購入してローンを組むと、ローン会社が債務者の固定資産税支払額を債務者から徴収して、債務者に代わって自治体に支払うことが一般的に行われている。ローン会社は、徴収した固定資産税を別の口座で管理し、債務者のために自治体に支払う。これと同じように、有罪判決を受けた人の受け取る収益を州の被害者救済委員会が徴収し受益者のために管理し、受益者である被害者への支払いに充てることとなる。これは、当事者の自発的な意図に基づくものではなく、法律上信託があったものとみなす制度であるので、一種の「擬制信託」(constructive trust)である。

この法律が適用される「犯罪で有罪判決を受けた人」は、「本州内での犯罪で有罪答弁又は公判ののちの有罪判決によって有罪と判決された人及びその者が起訴されていない犯罪であってもそれを犯したと任意かつ明瞭に認めた人」を含む(第一〇項)。それゆえ、たとえ起訴されて裁判で有罪判決を受けていなくても、例えば書籍の中で犯罪を犯したことを認めれば、法律が適用されうることになる。

この「サムの息子法」は、従来あった被害者救済及び犯罪を理由とする収益を阻止する仕組みを補充するものである。それゆえ、ニューヨーク州では、裁判所は犯罪による収益を没収することができ、さらに刑の中で被害者への利益返還命令（restitution）又は損害塡補命令（reparation）[6]を命じることができる。もちろん、犯罪被害者又はその家族は、加害者に対して民事の損害賠償訴訟を提起することもできる。ただ、これら従来の措置では、犯罪を犯して有罪判決を受けた人が、有罪判決を受けたのちに、特に年月が経ってから、その犯した犯罪について表現活動を行って収益を得ることに対処し、被害者の救済を図ることは困難であった。「サムの息子法」によるエスクロー制度は、このように有罪判決を受けたのちに、その犯した犯罪について表現行為を行って収益を上げた場合にも、被害者の救済を図ろうとしたものといえよう。

### 「サムの息子法」制定の背景

実際欧米では、凶悪な殺人事件が、公衆の強い関心を呼び、マス・メディアの激しい取材報道が繰り広げられることは稀ではない。イギリスにおいても、一八八八年から一八九一年にかけてロンドンのホワイトチャペルにおいて次々とおぞましい殺人事件が起き、その犯人、ジャック・ザ・リッパーは、それ以降も公衆の強い関心を呼んできた。正確な被害者の数は定かではないが、少なくとも五人の女性が被害を受けた。いずれも売春婦で、喉を引き裂かれた上、内臓を切り取られるなどしていた。この事件は、結局未解決のままに終わった。この事件に対する関心はアメリカでも強く見られた。テレビが普及し、マス・メディアの影響力が公衆に強く及ぶようになってから、公衆の強い関心を引いた事件としては、一九六九年のチャールズ・マンソン受刑者の事件がある。彼は、カルトリーダーであり、そのカリスマティックな性格を用いて、その信奉者におぞましい殺人事件を起こさせた。被害者の数は三五人にも及ぶと言われる。彼はミュージシャンであり、彼の曲は、彼が逮捕されてからも、少なからざる根強いファンに支えられていた。そして、このような殺人事件に対する公衆の強い関心が、最も典型的に示されたのが、一九九四年のO・J・シンプソン氏の事件であろう。アメリカン・フットボールのスター選手であったシンプソン氏の妻ニコール・シンプソンと彼女の友人ロナルド・ゴールドマンが残虐に殺害されて発見されたこの事件で、容疑者とされたシンプソン氏にマス・メディアの関心は集中し、警察への出頭を約束しながら車で行方が分からなくなったとき、ハイウェーで警察に追跡される場面はテレビでライブ中継されたほどである。「サムの息子」事件も、もちろん、公衆の強い関心を呼んだことは言うまでもない。

凶悪な事件を題材にした映画やドラマも多い。一九三〇年代に銀行強盗などを繰り返したボニー・パーカーとクライド・バローの物語は、のちに『ボニー・アンド・クライド』(アーサー・ペン監督、一九六七年、邦題は『俺たちに明日はない』)という映画になった。さらにサンフランシスコで一九六〇年代及び七〇年代に起きたゾディアック事件も、公衆の間で強い関心を呼び、二〇〇七年公開の『ゾディアック』(デイビッド・フィンチャー監督)など多くの映画の対象になっている。この事件では、少なくとも五人が被害に遭い、「ゾディアック」と名乗る犯人からマス・メディアに暗号化された犯行予告が送りつけられた。だが、結局犯人は未だに見つかっていない。一九八三年に逮捕されたヘンリー・リー・ルーカスも公衆の強い関心を呼んだ。彼は、武器の違法所持で逮捕されたが、過去に犯した殺人事件をしゃべり始め、何百人もの被害者に言及したと言われている。遺体が埋められているところを警察に告白し、最終的に九人の被害者の殺害容疑で起訴された。この事件も『ヘンリー』(ジョン・マクノートン監督、一九八六年)などの映画になっている。一九九九年にコロラド州のコロンバイン高校で学生や教師一三人を殺害したコロンバイン高校虐殺事件の二人の少年、エリック・ハリスとディラン・クレボールドの物語も『ゼロ・デイ』(ベン・コキオ監督、二〇〇三年)という映画の題材とされている。マンソンの事件も、『ヘルター・スケルター』(トム・グリース監督、一九七六年)などのテレビ映画の題材とされている。また一九七〇年代に殺人、強姦、誘拐などを繰り返し、最終的に三〇人以上の殺人事件を自白したテオドール・ロバート・テッド・バウンティも『デリバレート・ストレンジャー』(マービン・チョムスキー監督、一九八六年)というテレビ映画になっている。二〇一六年には、シンプソン事件を取り上げて、『シンプソン事件――アメリカの犯罪物語』というドラマや『OJ――アメリカが生んだ事件』などのドキュメンタリーが作成され、テレビ放映されている。

犯罪に関する報道・表現、とりわけ凶悪事件や猟奇的な事件、著名な人による犯罪は、公衆の強い関心を呼び、それに関する書籍やインタビュー、テレビ番組、さらに映画は、多くの収入を生み、そのため犯罪を犯して有罪判決を受けた人からインタビューを行うために高額の報酬を支払ったり、有罪判決を受けた人が執筆した手記や回顧録の出版のための多額の報酬や原稿料を支払ったり、さらには映画化に当たって、多額の報酬が支払われたりすることが少なくない。「サムの息子法」は、こういった事態に対応しようとしたものである。

## 他の州及び連邦への拡大

「サムの息子法」が実際に適用される事例はそう多くはない。それでも、ニューヨーク州の「サムの息子法」は、例えばジョン・レノンを殺害したマーク・デビッド・チャプマン受刑者のように極めて著名な犯罪者には実際に適用された。そして、同様の州法が、他の州でも制定されるようになった。[7]これらの州は、ニューヨーク州法をモデルにして、ほとんど同様の仕組みをとっていた。

そして、連邦でも、犯罪を犯して有罪判決を受けた者がその犯罪に関する表現行為によって得た収益を没収する法律が制定された。それによれば、「(a)本編の第七九四条のもとの犯罪又は個人に対する身体的危害に帰すような合衆国に対する犯罪に対し、被告人に有罪判決が下されたあとのいずれの時期であれ、合衆国の検察官の申し立てに基づき、関係当事者への告知の後、裁判所は、本編のもとで正義の利益ないし利益返還命令のため必要だと判断した場合、被告人に対し、いかなる形であれ、映画、書籍、雑誌、ラジオ又はテレビの作品、ライブの上演の中でその犯罪を描くこと又は被告人のその犯罪に関する思い、意見又は感情を表現することに関する契約から被告人が受け取った又は被告人が受け取ることになっている収益又は被告人に譲渡されるべきものの全部又は一部の没収を命じることとする」(合衆国法典第一八編第三六八一条)。[8]

そして、このような犯罪加害者が犯罪に関する表現行為によって得る収益を剝奪する法律は広く「サムの息子法」と呼ばれるようになった。

## 2　合衆国最高裁判所判決

### サイモン・シュスター事件

しかし、このニューヨーク州の「サムの息子法」は、一九九一年のサイモン・シュスター対ニューヨーク州被害者救済委員会(Simon & Schuster, Inc. v. Members of N. Y. State Crime Victims Board, 502 U. S. 105(1991))事件において、合衆国最高裁判所により違憲と判断された。

この事件は、ニューヨーク州の「サムの息子法」のもと、サイモン・シュスター社とギャングの一員であるヘンリー・ヒルとの間の出版契約のことを州の被害者救済委員会が気づいたことから始まった。ヒルは、ギャングの一員として様々な犯罪に手を染め、一九八〇年に逮捕され、訴追を免れる代わりに、ギャングの仲間について証言をし、証人保護プログラムのもと偽名を使って知らない土地で暮らしていた。その彼について、作家ニコラス・ピレジが『賢い奴(Wiseguy)——マフィア家族の生活』という書名の書籍を一九八五年に出版した(同書は、ヒルとの長時間に及ぶインタビューに基づいたものであった)。ギャング組織の様々な犯罪行為が如実に描かれていた。この書物は高く評価され、一〇〇万部以上も発行され、さらにのちに『グッドフェローズ(Goodfellas)』という映画(マーティン・スコセッシ監督、一九九〇年、一九九一年のアカデミー作品賞にノミネートされた)にもなったほどである。

被害者救済委員会は、出版直後にこれに気づき、この本が州法の適用対象になるかもしれないと判断し、サイモン・シュスター社に契約書の送付と、支払われるべき金額の告知を命令した。すでに同

9

社は、手附金及び印税としてヒルに九万六二五〇ドルを支払い、さらに二万七九五八ドルの支払いを予定していた。委員会は同社に対し、この書籍への州法の適用を認め、まだ支払われていない金額は委員会に被害者のための基金として提供すること、ヒルに対してはすでに受け取った金額を返還することを命じた。そこでサイモン・シュスター社が、この州法の違憲性を争って連邦地方裁判所に訴訟を提起したのであった。

### 「サムの息子法」は表現内容に基づく表現の自由の制約

合衆国最高裁判所の法廷意見を述べているのはオコナー裁判官である。オコナー裁判官は、まず法律がその発言の内容を理由に話し手に経済的負担を負わせることは、合衆国憲法修正第一条に合致しないと推定されるという。これは、修正第一条の法理に深く刻み込まれており、もはやさらに説明を必要としないほど明確だという。そしてこれは、政府にメッセージの内容に基づいて差別することを許すような規制が、修正第一条のもとでは許容されないという、より広い原則の一つの表れに過ぎないという。

「サムの息子法」は、まさにそのような表現内容に基づく法律である。それは、州が他の収益には課していないような負担のために表現活動から得られる収益だけを選り出しており、しかもそれは特定の内容を持った作品だけに向けられている。修正第一条の意味における「話し手」が、その話すストーリーのゆえに法律が収益をエスクローに付すことを求めているヘンリー・ヒルであるにせよ、犯罪に関する書物を、報酬を最低五年間あきらめてもいいとする犯罪者の助けによらない限り出版できなくなるサイモン・シュスター社であるにせよ、法律は明らかに、経済的負担を特定の内容を話すがゆえにのみ課している。

被害者救済委員会は、「サムの息子法」を違憲とされた過去の先例の事例と区別しようとするが、それはいずれも説得力を欠く。例えば被害者救済委員会は、差別的な経済的負担は、立法者が特定の見解を抑圧することを意図した場合にのみ修正第一条のもとで疑わしいものとみられてきたというが、これは正しくない。立法者の悪しき動機は、修正第一条違反の不可欠の条件ではない。たとえ適切な関心に基づいた規制であっても、修正第一条によって保護された権利の行使に不当な制約を及ぼすことはありうるからである。また被害者救済委員会は、修正第一条は内容に基づいて特にメディアに向けて経済的規制を行う場合には修正第一条に反するかもしれないが、「サムの息子法」は、有罪判決を受けた人と契約を結んで話をしてもらう「当事者」にのみ一般的な負担を負わせている点で異なるという。しかしこの主張は、意味をなさない。犯罪行為に関する表現行為に関して犯罪者と契約を締結したものは、表現媒体のいかんにかかわらずすべて「当事者」となるのであるし、憲法的には規制の対象がメディアの一員かどうかは関係がないからである。

「サムの息子法」のように特定の表現内容を理由に不利益を加える法律については、州は、それがやむにやまれない利益を達成するためのものであって、しかもその目的を達成するために必要不可欠なものであること(narrowly drawn)を証明しなければならない。審査基準として、「厳格審査」が適用されるのである。[10]

### やむにやまれない利益

被害者救済委員会は、犯罪に関する表現行為を抑止する目的が、読者の感情を保護することにあるとは主張していないが、これは妥当な立場である。たとえ社会がある表現を不快だと考えたとしても、それはその抑止を正当化する正当な理由とはならない。もし修正第一条の基盤となるような原則があるとするなら、それは、政府はある特定の考えが不快であるとか、気に入らないといった理由で、その表現を禁止することは許されないというものなのである。したがって被害者救済委員会は、ヘンリー・ヒルの被害者がさらに被害を受けるのを防ぐことを、規制の正当化利益と主張していない。

他方で、州には、犯罪によって被害を受けた被害者が、加害者から賠償を受けることを確保するという、やむにやまれない利益があることに疑いはない。さらに州は、犯罪者がその犯罪から収益を上げることがないよう確保するという、やむにやまれない利益を有している。被害者救済委員会は、さらに狭く、州は、犯罪者がその犯罪に関する表現行為から被害者の救済が図られる意味ある機会を保障することなく収益を上げないよう確保するという利益を、やむにやまれない利益と主張する。しかし、州は、犯罪者が、他の収益とは異なり、その表現活動に対してのみ被害者の救済を図るより強い利益があるのか説明しておらず、また犯罪者から被害者にこのような収益だけに限って移転を図らなければならない理由も示すことはできない。それゆえ、このような利益だけに限ってやむにやまれないものとは言い難い。つまり州は犯罪の収益を被害者の救済に充てるという、やむにやまれない利益を有しているが、犯罪に関する犯罪者による表現活動からの収益だけに限ることを正当化するような利益は、存在しないということである。

## 必要不可欠な制約

　ところが、犯罪の収益を被害者の救済に回すことを確保する手段としては、「サムの息子法」はあまりにも過大包摂である。つまり、手段の範囲が目的達成に対して過度に広汎すぎる。この法律は犯罪に関する表現行為にすべて広く及ぶ。たとえ犯罪に関して、少しばかりでもあるいは付随的(tangentially or incidentally)にしか触れていなくても、法律が適用される。しかも、「犯罪で有罪判決を受けた者」の定義は極めて広く、実際に犯罪者が起訴され有罪判決を受けているかどうかにかかわらず、書籍の中で犯罪を犯したことを認めれば、その収益はすべてエスクローされなければならない。この結果極めて広い範囲の作品がこの法律の規制を受ける。これによればマルコムX[11]の自伝でも、さらには聖アウグスティヌスの『告白[12]』であっても対象となりうるし、マーティン・ルーサー・キング牧師[13]の作品などもこれに含まれるかもしれない。

　オコナー裁判官は、例えば著名な人が人生の末に若い頃に些細な窃盗を働いたことを少しでも書けば、その書籍の収益はすべてエスクローに付され、時効がはるか前に成立していても、エスクローの設定から五年間は損害賠償のために留保されることになるという。これでは、「サムの息子法」は、犯罪の収益から被害者の救済を図るという目的を達成するための必要不可欠な手段とはとても言えないというのである。被害者救済委員会は、「サムの息子法」は内容中立的な規制として支持されうると主張したが、手段が過大包摂であるという結論に照らし、たとえそれが内容中立的制約だと言えたとしても、基準を満たさないとして、この問題に決着を付ける必要性はないとオコナー裁判官は付け加えている。[14]

**違憲判決のインパクト**

その結果、ニューヨーク州の「サムの息子法」は違憲と判断された。実際のところ、ほとんどの他の州法は、このニューヨーク州法をモデルにして、ほぼ同じような仕組みをとっていた以上、同判決は、その当時存在した四〇州の「サムの息子法」のすべてを無効にしたと言ってもいい。[15]

連邦の「サムの息子法」も、違憲とされたニューヨーク州法と同様、犯罪を犯して有罪判決を受けた人がその犯罪について表現したことによって得られる収益のみを没収の対象としており、合衆国最高裁判所の判断に従うなら、有罪判決を受けた人が受ける収益の中で犯罪に関する表現行為だけを狙い撃ちにすべき理由は存在しないと思われる。したがって、法律の規定としては依然として残されてはいるが、連邦の「サムの息子法」の有効性にも疑問が残ろう。[16]

## 3　違憲判決は妥当だったのか

**違憲判決は予期されていた**

この判決には、賛否両論の評価がある。もともと、「サムの息子法」の合憲性に対しては、根強い懸念が存在した。「サムの息子法」は、犯罪を犯して有罪判決を受けた人が、その犯罪に関して表現することに制約を及ぼしており、明らかに表現内容に基づく規制であり、それは修正第一条に反しているというのであった[17]。それゆえ、このような表現の自由を重視する学説やマス・メディアでは、この判決を好意的に評価する声が強い。

## 「サムの息子法」は表現の自由を侵害しないのではないか

これに対し、「サムの息子法」の合憲性を支持する論者の多くは、そもそも、「サムの息子法」によって誰かの表現の自由が制約されるのかを疑問とする。「サムの息子法」は、犯罪を犯して有罪判決を受けた人が犯罪について書籍を出版する契約を結んだこと、出版社がそのような本を出版する契約を結んだことを理由に、刑罰を加えるものではない。本を出版する結果得られるであろう収益が、有罪判決を受けた人から剝奪されるだけである。有罪判決を受けた人の立場では、書籍の出版の結果得られるであろう収益が剝奪されるが、有罪判決を受けた人の立場は、書籍の出版以前の状況から何ら変わるわけでもない。しかも、金銭的な収益は剝奪されるとしても、犯罪を犯して有罪判決を受けた人がその犯罪について書籍を出版することは、何ら妨げられはしないし、書籍の出版の動機は金銭的な収益だけではない。それゆえ、果たして「サムの息子法」の結果、犯罪を犯して有罪判決を受けた人が犯罪について表現することが制約されるかどうか疑問だというのである[18]。

たしかに、犯罪を犯して有罪判決を受けた人の中には、収益を剝奪されることで、犯罪について表現することをやめる人もいるかもしれない。しかし合衆国最高裁判所は、将来生じるかどうかもわからない抑止的な効果のゆえに修正第一条違反を理由に法律を無効とはしてこなかったはずである。それゆえここでも、それにしたがって、あるかどうかもわからない抑止的効果を理由として「サムの息子法」を修正第一条違反とすべきではなかったというのである。[19] 実際「サムの息子法」にもかかわらず、犯罪を犯して有罪判決を受けた人が、犯罪に関して書籍を出版した事例や、それを原作とした映画が作成された事例が少なくないことが、抑止的な効果の欠如の例証として引用されることもある。[20]

### 表現内容中立的な制約なのではないか

たとえ表現の自由が制約されるとしても、合衆国最高裁判所の判決に反対する論者は、「サムの息子法」は一定の表現行為の結果として得られるであろう収益を剝奪するだけであり、しかも、犯罪で有罪判決を受けた人がどのような内容の表現をしたのかにかかわらず適用されることを捉え、表現内容に基づく制約ではないと主張する。例えば、「サムの息子法」は、Ward v. Rock against Racism, 491 U. S. 781 (1989) で認められた表現内容中立的な制約だという論者がいるかもしれない。この事例では、ニューヨーク市のセントラルパークでのコンサートに関する音量規制が問題とされ、合衆国最高裁判所は、この音量規制を表現内容中立的制約として支持した。このような表現内容中立的な制約については、厳格審査は適用されず、表現内容中立的であること、重要な利益に仕えていること、手段が必要な限度の制約であることが求められるだけである。しかも手段は必要不可欠なものであることは求められず、他により制限的でない代替手段が存在しても、とられた手段が必要な限度の制約であれば許される。「サムの息子法」も、このような表現内容中立的制約だというのである。

あるいは、反対する論者は、「サムの息子法」による表現の自由への制約は、City of Renton v. Playtime Theaters, 475 U. S. 41 (1986) で認められたような、表現の第二次的な効果に基づく制約に過ぎないという。この事件では、成人向け映画を上映する映画館の場所を規制するゾーニング条例の合憲性が問題となり、条例は成人映画を上映する点を捉えて映画館の規制を行っているが、これは成人映画を上映する映画館が存在することによって犯罪が増加するなどの第二次的な効果が生じることに基づく規制であって、したがって表現内容に基づく規制ではないと判断された。そして、合衆国最高裁判所は、規制を正当化する十分重要な利益があり、手段は必要な限度に制限されており、他の代替的なコミュニケーションの機会が残されているから、規制は合憲だと結論した。「サムの息子法」も、このゾーニング規制と同様、第二次的な効果に向けられたものであり、表現の自由の制約は付随的なものに過ぎないというのである[21]。

あるいは「サムの息子法」には、United States v. O'Brien, 391 U. S. 367(1968)の基準が適用されるべきだとされるかもしれない。この事件では、徴兵カードの焼却を禁止した法律の規定が、ベトナム戦争反対の意思表示として徴兵カードを焼却する行為に適用された場合にも、憲法に反しないかが問題とされた。これは、表現行為に向けられていない規制が、表現目的で行われる「象徴的表現」に適用された事例である。合衆国最高裁判所は、この種の事例では、連邦議会に規制権限があり、規制が表現抑圧に向けられていないこと、重要な利益に仕えていること、代替的なコミュニケーションの余地が十分残されていることの要件を満たせば、規制は違憲とは言えないとした。「サムの息子法」も、あくまで収益を上げるという非表現的行為の規制であり、たまたまそれが表現的行為に適用されたとしても、表現内容に基づく制約として厳格審査を適用すべきではないというのである。

**「サムの息子法」は緩やかな基準を満たしているはず**

それゆえ、このような立場に立つ論者は、合衆国最高裁判所が、「サムの息子法」を表現内容に基づく制約だと見て厳格審査基準を適用したことを批判する。[22] そして、いずれも、もっと緩やかな基準のもとであれば、「サムの息子法」は支持されうるはずだという。

もしそれが表現内容中立的な制約であれば、重要な利益を達成するための必要な限度の制約といえれば許される。犯罪を犯した人が犯罪から利益を上げないよう確保するという利益及び被害者の救済は明らかに重要な利益であり、たとえより制約的でない他の代替手段があったとしても、とられた手段が必要な限度であれば支持されうるはずだと考えられる。また、収益を上げることを阻止するという二次的な効果を狙った制約であり、表現の自由への制約は付随的だとすれば、制約を正当化する十分に重要な利益が存在し、手段は必要な限度に限定されており、しかも収益を伴わなければ表現は妨げられないのであるから、他の代替的なコミュニケーションの機会は十分確保されているはずだという。さらに、それが象徴的表現の事例と同じだとすれば、「サムの息子法」は、特定の表現の抑圧を狙ってもいなければ、特定の表現を阻止しようとするものでもなく、単に表現から得られる収益を被害者救済に回すだけであり、表現の自由への制約は間接的であり、明らかに重要な利益に仕えており、他の代替的なコミュニケーションの余地も十分残されているという。[23] それゆえ、合衆国最高裁判所が、ニューヨーク州の「サムの息子法」を違憲と判断したのは間違っているというのである。

ただ、合衆国最高裁判所は、「サムの息子法」が、犯罪を犯して有罪判決を受けた人が、「その犯罪に関して」行った表現行為だけから収益を剝奪している点で、特定の表現内容に基づく制約だと判断している。しかも、合衆国最高裁判所の表現の自由の法理の枠組みの中で、特定のメッセージだけを狙い撃ちにした制約だけでなく、特定のカテゴリーの表現内容を狙い撃ちにした制約も等しく表現内容に基づく制約と認められている。それゆえ、後述するように、「サムの息子法」が、犯罪を犯して有罪判決を受けた人が、その犯罪から得たすべての収益を対象としていない限り、表現内容に基づく制約ではないと考えることは難しいのではないかと思われる。その意味では、合衆国最高裁判所が「サムの息子法」を表現内容に基づく制約と位置づけ、厳格審査を適用したことは自然であり、厳格審査が適用される以上は、手段が過大包摂であると評価されたのもやむをえない面があるといえよう。

# 第二章 「サムの息子法」の現在

## 1 どのような措置が許されるか

### 法律の適用対象は狭く限定されていることが必要

では、「サムの息子法」はすべて許されないのであろうか。実は、合衆国最高裁判所は、ニューヨーク州以外の州及び連邦には類似の法律があることを指摘しつつ、これらの法律の合憲性については意図的に判断を避けている。このことは、場合によっては「サムの息子法」も合憲とされる余地が残されていることを示唆する。[1]

では、一体どのような法律であれば、支持されうるのであろうか。オコナー裁判官の判断によれば、州には被害者の救済を図るという利益と、犯罪者が犯罪の収益を得ることがないように確保するという、やむにやまれない利益がある。ということは、この利益を達成するための必要不可欠の手段であれば、つまり過大包摂でなければ、修正第一条には違反しないということである

問題点の一つは、犯罪について触れれば、たとえそれが些細な犯罪であっても、遥か過去の犯罪で

あっても、あるいはその被害者がはっきりしないようなものであっても、その本の収益のすべてが被害者救済のためのエスクローに付される点である。合衆国最高裁判所が指摘するように、これでは、マーティン・ルーサー・キング牧師が、人種差別に対する抗議活動のゆえに逮捕されたことをその著書の中で触れただけで、その本にも「サムの息子法」が適用され、収益をすべて剝奪されることになる。果たして、被害者の救済を図るという観点から見て、すべての犯罪について、収益の剝奪が適用されるべきかどうかは疑問であろう。

したがって、少なくとも、州は、「サムの息子法」が適用されるべき犯罪を、重大な犯罪に限定する必要があるものと思われる。[2]その意味では、法律の適用を「重罪(felony)」[3]に限定するのは、一つの選択肢であろう。また、被害者がはっきりしているような犯罪にだけ限定し、公共の利益に対する犯罪など被害者がはっきりしないものを除外することも考える必要があろう。ただ、あとで見るように、州の中には、適用の対象を被害者の生命ないし身体に対して被害を及ぼすような犯罪に限定したところもある。そうすると、詐欺罪などで多額の金銭的被害を受けても、それだけでは「サムの息子法」は適用されず、有罪判決を受けた人はその犯罪に関して表現行為を行って収益を上げ、その収益を受け取ることができてしまう。したがって、このような経済的犯罪も、法律の適用対象とすべきだという声もある。[4]しかし、いずれにしても、少なくとも、有罪判決を受けた犯罪が重大な犯罪でない限り、しかも被害者がはっきりしている犯罪に限定されていない限りは、その犯罪の収益をすべて剝奪することを正当化することはできないのではなかろうか。

さらに、ニューヨーク州法の場合、有罪判決を受けた人がその有罪判決を受けた犯罪に関して表現行為をした場合だけではなく、書籍の中で他の犯罪についてもそれを犯したことを認めれば、収益がすべて剝奪される点が問題とされている。このことから見て、収益を剝奪しうるのは、有罪判決を受けた人の有罪判決を受けたその犯罪に関する表現行為による収益に限定されるのではないか、という声もある[5]。とすれば、ある人がある犯罪を犯したことを書籍の中で認めても、その犯罪が、有罪判決を受けた理由となった犯罪でない限りは、収益は剝奪されるべきではないことになろう。

しかも、剝奪の対象が、犯罪に関する表現行為と極めて曖昧で広汎な点も問題となりうる。例えば、有罪判決を受けた人がその書籍の中で、その人が犯した犯罪に一行触れただけでも、つまり単に付随的ないしわずかばかり触れていただけでも、その本の収益はすべて剝奪されることにもなりかねない[6]。とすれば、せめて書籍の中で、その犯した犯罪について実質的に触れていることが求められるかもしれない[7]。

さらに、「サムの息子法」は、犯罪を犯して有罪判決を受けた人が、その犯した犯罪に関して表現行為を行えば、それが、被害者をさらに侮辱したり、その被害者を不当に傷つける目的ないし内容のものであるのか、それとも例えば過ちを悔い、贖罪の趣旨で表現行為を行っているのかどうかを問わない。表現行為の目的ないし内容が、いわば被害者に対して「搾取的」であるか否かにかかわらず、その犯した犯罪に関するものであれば、法律が適用されるのである。これでは、広すぎるのではないかという疑問もある。

もう一つの問題点は、この法律が実際に起訴されて有罪判決を受けた者だけではなく、起訴されただけの者にも、さらには起訴されてもおらず有罪判決を受けてもいない者からも収益を剝奪する点である。明らかに合衆国最高裁判所は、これは広すぎると判断した。この点に照らせば、法律の適用は、実際に裁判で有罪判決を受けた人か、少なくとも起訴された人に限られるべきだとの主張もあるが[8]、果たして起訴されているだけで収益を剝奪しうるかどうかには疑問もありうる。確かに、適用の対象を、有罪判決を受けた人に限定すると、裁判の途中、つまり有罪判決が確定していない間は、収益を剝奪することができない。これでは法律に抜け穴を作るのと同じだという批判もありうる[9]。他方で、有罪判決が確定していない人からも、収益を剝奪する、やむにやまれない利益があるかどうかには疑問もありえよう[10]。実際、刑事司法の大原則は、何人も、裁判で有罪が確定するまでは無罪と推定されるというものである。さらに、収益の剝奪は、有罪判決確定前の公判中に生じさせても、最終的に被告人が無罪とされた時は、払い戻しをすればいいのではないかとの主張もありうるが[11]、そうすると結果的に被告人は有罪判決が確定する前から収益を例えば自己の弁護のために使えないことになる。たとえ最終的に無罪となったときに返還されるからといって、そこまで収益の剝奪を正当化しうるだけのやむにやまれない利益がありうるかどうかには疑問がある。それゆえ、合憲とするためには、むしろ、その適用範囲を少なくとも有罪判決を実際に受けている者に限定することが必要ではないかという声が多い[12]。

## 犯罪に関する表現行為に由来する収益だけを狙い撃ちにすべき理由はない

さらにブラックマン裁判官は、その同意意見の中で、ニューヨーク州の「サムの息子法」は過大包摂であるだけでなく、過少包摂である、つまり、目的達成にとって手段のとる範囲が狭すぎることも指摘している。オコナー裁判官は、州法が過大包摂であるという結論に照らし、それが過少包摂であるか否かについて判断する必要はないと述べているが、明らかに、オコナー裁判官も手段についてはブラックマン裁判官と同じような懸念を抱いているのではないかと推測される。それは、犯罪に基づく収益の中で、犯罪に関する表現に由来する収益だけを狙って、被害者の救済のためのエスクローに付すことには理由がないとしていることから明らかである[13]。

このことは、表現内容に基づく制約を正当化するために必要なやむにやまれない利益を援用するために、犯罪に関する表現行為だけに限定してやむにやまれない利益を主張することができないことを意味する。しかも、「サムの息子法」に厳格審査が適用されるということは、手段が必要不可欠なものであることが求められ、このことは手段が過大包摂であっても通常過少包摂であっても許されない。被害者の救済を図るという意味では、犯罪に関する表現活動に由来する収益だけではなく、犯罪の結果と言えるすべての収益を被害者の救済に回してこそ意味があるのであり、その中で犯罪に関する表現行為に由来する収益だけに限定する理由はないはずである。

それゆえ、多数意見の立場でも、犯罪に関する表現行為だけの収益を狙って規制することは正当化されないことになろう。したがって、「サムの息子法」は、犯罪者による犯罪に関する表現行為による収益だけに限られず、すべての犯罪の結果としての収益に適用されるものでなければならないものと思われる[14]。

このように、犯罪を犯して有罪判決を受けた人がその犯罪に関して行った表現行為から得られる収益だけを狙い撃ちにしないで、有罪判決を受けた人が犯罪の結果得られるすべての収益を剝奪しても、結果的に表現行為に対する収益も剝奪され、表現の自由が制約されうる。しかし、この制約は間接的ないし付随的な制約であって、厳格審査ではなく、もっと緩やかな中間的審査が適用されるのではないかと思われる。そうすれば、それが結果的に表現の自由を制約したとしても、その合憲性が支持される可能性が高い。[15]

これに対し、犯罪を犯して有罪判決を受けた人がその犯罪に関して行った表現行為だけを狙い撃ちにしていても、これは表現内容中立的な制約であって、表現の自由に対する制約は付随的ないし間接的に止まるので、Renton 判決（一五頁参照）のもとで、表現内容の基づく規制ではないとされる可能性が残されているのではないかとの懸念もある。[16] ただ、合衆国最高裁判所は、Renton 判決の射程の拡大には、同判決以降一貫して消極的であり、「サムの息子法」が、犯罪を犯して有罪判決を受けた人がその犯罪に関して行った表現行為だけを狙って収益を剝奪している限りは、これを表現内容中立的制約と見る可能性は低いのではないかと思われる。しかも、もっと緩やかな基準のもとでも、ニューヨークの「サムの息子法」は、必要最小限度の規制とは言えないと判断している以上、たとえより緩やかな基準が適用されたとしても、このままでは合憲とされる可能性は低いのではないだろうか。[17]

**残された論点1――やむにやまれない利益**

ただ、幾つかの点はなおはっきりしていない。例えば、州の中には、有罪判決を受けた人の収益をエスクローさせておいて、犯罪被害者が一定期間内に損害賠償訴訟を提起しなかった場合にも、剝奪した収益を州の歳入に帰属させるところや、被害者救済のための一般的基金の中に組み込むところがある。[18]州の歳入に帰属させる州にあっては、州の歳入に帰属した収益は、一般的な目的のために支出される。さらに一般的な被害者救済基金に組み込まれる州にあっては、収益は、有罪判決を受けた人がその有罪判決を受けた犯罪の被害者の救済のためにではなく、被害者救済一般のために支出される。果たしてこれが許されるのかどうかは、ニューヨーク州法では、期間経過後残された収益は有罪判決を受けた人に返還される仕組みであったため、合衆国最高裁判所の判断を受けていない。

合衆国最高裁判所は、被害者救済と犯罪を犯して有罪判決を受けた人が収益を受け取らないよう確保するという州の利益をやむにやまれない州の利益と認めているが、果たしてこの両方の利益がなければならないのかどうかははっきりしていない。このように残された収益が州の歳入に帰属させられるような州では、もはや被害者救済の利益は存在しない。しかも、例えば、被害者のない犯罪の場合、犯罪を犯した人は犯罪を理由にして利益を得るべきではないという考え方は妥当するが、被害者救済という考え方は妥当しない。また、被害者救済の利益についても、有罪判決を受けた人が有罪判決を受けた当該犯罪の被害者の救済だけでなく、他の犯罪の被害者の救済という一般的利益でも、やむにやまれない利益と言えるのかどうかもはっきりしない。[19]

**残された論点2——損害賠償訴訟の時効の延長では足りないのか**

さらに、ニューヨーク州では、収益がエスクローされたのち、五年の間、他の時効規定のいかんにかかわらず、被害者に損害賠償訴訟の提起が認められる。通常、アメリカの州の不法行為法では損害賠償訴訟は加害行為があってから二年とか三年とか比較的短期の期間に提起しなければ時効となる

（例えばニューヨーク州民事訴訟法及び規則第二一四条によれば、傷害に対する損害賠償請求の時効は三年である）。同様に、殺人事件に関し、殺害された被害者の家族が殺人行為に対して損害賠償を求める訴訟についても、二年などの比較的短い時効が定められている（ニューヨーク州遺産及び信託法第二一一条b項によれば、殺人行為に対する被害者家族の損害賠償請求の時効は二年である）。加害行為の後、有罪判決を受けた人が服役し、出所後犯罪行為から何年も経ってから回顧録を書いたような場合、加害行為を理由として損害賠償を求めることは難しい。また、被害者又はその家族が加害者に対して損害賠償請求をし、裁判所で確定しても、確定判決の債権は、二〇年などの時効に服する（ニューヨーク州民事訴訟法及び規則第二一一条b項）。したがって、犯罪の後被害者又はその家族がすでに損害賠償請求を行って判決が確定していても、この期間を過ぎれば、加害行為に対する損害賠償を回収することは難しい。このような場合にも収益に対して損害賠償訴訟を認めるためには、一定の犯罪行為によって受けた被害に関しては、時効期間を延長するか、あるいはいっそのことなくしてしまうしかない。

合衆国最高裁判所の違憲判決の後、このような時効の延長が一つの代替措置として検討されている。[20] そして、後述するように、ニューヨーク州は、実際に犯罪被害者の犯罪に関する損害賠償訴訟の時効に特別な規定を設けた。そうすれば、犯罪被害者は、有罪判決を受けた人が収益を上げてから、損害賠償訴訟を提起して収益を救済に充てることができる。

問題は、それなら、損害賠償訴訟の時効の延長で被害者救済には十分であって、それ以上に「サムの息子法」で、有罪判決を受けた人がその犯罪に関する表現行為を行い収益を受けるような内容の契約を締結した時に、その契約を州の被害者救済機関に通知し、それ以上の措置をとることまで必要なのかどうかである。合衆国最高裁判所は、このような犯罪被害者の損害賠償訴訟の時効の延長という手段との比較で、「サムの息子法」の必要性があるのかどうかについてまでは、審査していない。

**残された論点３——強制的な収益剝奪の必要性はあるのか**

さらに、たとえ時効の延長では不十分だとしても、収益を強制的に剝奪し、しかも自動的に剝奪する必要があるのかどうかも、はっきりしない。当初のニューヨーク州の「サムの息子法」では、有罪とされた人が犯罪について表現行為を行い、対価を得る契約を結べば、自動的にその収益はエスクローに付される。この時点では、被害者から損害賠償訴訟が提起されるかどうかも定かではない。収益があればとりあえず、その収益はエスクローされるのである。

これに対し、被害者の救済に充てられる可能性の有無にかかわらず、自動的に収益をエスクローに付すのではなく、契約が締結されたら、被害者救済委員会に告知を義務付け、被害者救済委員会は収益の告知があった場合に、それを被害者に告知する制度を設けることもできる。[21] そうすれば、もし被害者がすでに損害賠償判決を得ているか、利益返還命令が命じられている場合には、被害者はその収益をその支払いに充てることができる。これに対しそのような損害賠償判決や利益返還命令がまだない場合には、被害者又は被害者の遺族は、民事訴訟を提起し、その収益の保全を求める仮の救済を求めなければならない。被害者救済機関の役割は、単に被害者に民事訴訟の提起を促すだけである。

もしそれでは足りないというのであれば、州の被害者救済機関が被害者のために一定期間収益を保全する仮の救済を裁判所に求め、その間に被害者に損害賠償訴訟を提起することを求めるという制度も考えられる。つまり、州の被害者救済機関は、有罪判決を受けた人から収益を剝奪する必要はなく、裁判所に申し立てないし訴訟を提起し、有罪判決を受けた人がその収益を浪費しないよう確保すればいい。この主張によれば、被害者救済のためには、収益があった時に自動的に強制的にエスクローを命じる必要はないことになる。

さらに、たとえ収益を保全するだけではなく、収益を剝奪して被害者のためにエスクローし管理する必要があるとしても、収益をエスクローに付すに先立って、裁判所の判断を仰ぐ手続があった方が良いという意見もある。[22] この立場では、収益を伴う契約があった場合には当事者にその契約の内容を被害者救済機関に告知させ、収益を自動的にエスクローさせるのではなく、州の被害者救済機関が裁判所に申し立てをしてエスクローの命令を求めなければならない。したがって、少なくともエスクローの義務が生じるのかどうかの判断は裁判所が行っており、州の被害者救済機関の一方的な判断によるものではないことになる。

このように、収益を犯罪被害者の救済に回すにしても、手続的には様々な選択肢がある。当然、どこまでが正当化されるのかという問題が生じうる。合衆国最高裁判所は、ニューヨーク州の「サムの息子法」の過度の広汎性を問題にしているため、このような手続面での問題点は検討されていない。したがって、自動的な強制的なエスクロー制度は、必要不可欠ないし必要最小限度の制限とは言えないとされる可能性は残されているのかもしれない。

合衆国最高裁判所による違憲判決を受けて、ニューヨーク州は、一九九二年七月二四日、「サムの息子法」を改正した。[23] 改正された州法は、犯罪者による犯罪に関する表現行為からの収益だけでなく犯罪に関するすべての収益を被害者の救済に充てるようにした。しかも、この義務は、実際に有罪判決を受けた人だけに限って負わされている。そして、修正されたニューヨーク州法は、有罪判決を受けた人が受け取る収益を自動的に強制的にエスクローに付すことなく、被害者救済委員会はもはや契約の通知を受けた場合に、被害者に収益の存在を告知するだけである。あとは、被害者が裁判所に損害賠償を求める訴訟を提起しなければならない。[24]

これによって、ニューヨーク州の「サムの息子法」は、合衆国最高裁判所によって違憲とされた問題点を免れているとの声もある。[25] 実際、裁判所では、改正後の法律は違憲とはされていない。[26] 確かに、この改正法では、犯罪に関する表現行為だけではなく犯罪後の犯罪に由来するすべての収益に救済がおよんでおり、しかも義務を負うのは犯罪を理由に実際に有罪判決を受けた人だけである。しかも犯罪者が実際に有罪判決を受けた犯罪から得られた収益だけが問題とされているので、合衆国最高裁判所が問題としたような、過去の些細な犯罪でも本の中で犯罪を犯したことを認めれば法律が適用され、その収益が剝奪されてすべて被害者の救済に充てられるといったことはない。[27] それゆえ、修正第一条に基づく違憲の主張は確かに難しいかもしれない。[28] したがって、合衆国最高裁判所の立場を前提とすれば、改正州法が支持される可能性は小さくない。[29]

そのため、このような法律であれば合憲性が支持されるのであれば、結果的に犯罪を犯して有罪判決を受けた人が犯罪に関して表現行為を行って得られうる収益も結局全部剝奪されてしまうのであるから、サイモン・シュスター事件判決が果たしてどれほど表現の自由の保護に寄与するのかどうか疑問だという声があるのも頷ける[30]。ただ、表現内容中立的制約であっても、結果的に表現の自由が制約されうる以上、表現内容中立的制約の場合に適用される基準を満たさなければならない。犯罪に関する表現行為だけではなく、犯罪から得られる収益すべてを剝奪する制度であれば、表現内容中立的制約かもしれないが、それでもなおそれが必要な限度の制約かどうかは問題となりうる。サイモン・シュスター事件判決が、ニューヨーク州の「サムの息子法」はたとえより緩やかな基準のもとでも手段審査をクリアしていないと判断していることから考えると、剝奪の対象を犯罪に由来する収益にすべて拡大しても、それで合憲と言えるのかどうかは定かではない。

また、犯罪を犯して有罪判決を受けた人がその犯罪に関する表現行為から得た収益を剝奪すべきだという声は強いが、犯罪を犯して有罪判決を受けた人から、犯罪に由来するすべての収益を剝奪すべきだという声は、それほど強いものではないかもしれない。犯罪に関する表現行為からの収益に限定できないから、一足飛びで犯罪に由来する収益を剝奪すべきだという結論にたどり着くかどうかは定かではないといえよう。その意味では、犯罪に関する表現行為からの収益だけを狙い撃ちにすれば厳格審査であるが、犯罪からの収益をすべて剝奪するのであればそこまで厳しい審査でなくてもいいというのにも、意味があるかもしれない。

## 2 現在のニューヨーク州の「サムの息子法」

### 「犯罪から得られた収益」及び「有罪判決を受けた人の資産」

一九九二年の改正後、ニューヨーク州の「サムの息子法」は様々な改正を経て、現在では、違憲判決の対象時点のものとはかなり姿を変えている。とりわけ二〇〇一年の改正は、犯罪者が犯罪に由来して得た収益だけではなく、犯罪者が得たすべての資産にも被害者救済の余地を拡大した。実は、警察官エドワード・ブライン殺害の罪で刑務所に収容されていたデビッド・マクラリー受刑者が、不当に長期間にわたって独房監禁されたことを理由に州を訴え、陪審が六六万ドル(のちに二三万七五〇〇ドルに減額)の損害賠償を認めたが、この賠償金は被害者の救済に充てられなかった。この欠陥を是正するため、州議会は「サムの息子法」を改正したものである[31]。

ニューヨーク州執行法第六三二一a条の基本的な枠組みは依然として変わっていない。ただ、この法律でいう「犯罪」とはニューヨーク州法における「重罪」もしくは他の州において同州の重罪の要素をすべて満たす犯罪を指す(第一項(a))。したがって、重罪でなければ本法は適用されない。次に本法によって被害者救済に充てられるのは「犯罪から得られた収益」及び「有罪判決を受けた人の資産」の二つである。

このうち、「犯罪から得られた収益」の方は、「被告人が有罪と判決された犯罪を犯したことによって得られた財産ないし生じた収入、犯罪の結果を販売、転換ないし交換したことによって得られた財産又は生じた収入(そのような販売、転換又は交換によって実現された所得を含む)及び犯罪を犯した結果として被告人が得た財産又はそれによって生じた収入(犯罪を犯す又は犯す準備をする過程で得られた特異な知識を使って得られた資産並びにそのような財産の販売、転換又は交換によって得られた財産又はそれによって生じた収入及びそのような販売、転換もしくは交換によって実現された所得を含む)」と包括的である(同第一項(b))。

これに対し「有罪判決を受けた人の資産」とは、「指定された犯罪を理由に有罪判決を受けた人、……そのような人の代理人が受領したすべての資産及び獲得した収入を意味し、いかなる源泉からのものであるかを問わない。ただし、児童扶養手当を除く」(同第一項(c))。また、この「有罪判決を受けた人の資産」の規定の適用は、有罪判決を受けた人が刑事施設に収容されて刑に服している間、仮出獄ないし観察処分に服している間、刑ないし仮出獄が満了した後三年間だけに限定される。

## 支払いの義務の通知

そして、「いかなる人、企業、会社、パートナーシップ、団体その他の法人、あるいはそれらの代表であれ、次のものを支払うような契約又は合意を、事情を知りながら結んだ者は、支払いが犯罪の収益又は有罪とされた人の資産に当たると見出した場合は、できる限り迅速に、事務局に支払い又は支払いの義務を書面で通知しなければならない。

(i)犯罪の容疑で起訴された人又は有罪とされた人又は……そのような人の代理人に対する、本条の第一項(b)号で定義された犯罪からの収益、又は

(ii)本条第一項で定める有罪とされた人の資産。ただし、有罪判決が指定された犯罪に対するものであり、支払い又は資産の支払いの価値、合計の価値又は総計した価値が、一万ドルを超える又は超えるであろう場合に限る」(同第二項(a))。

同様の通知義務は、有罪判決を受けた人が収容されている施設の長などにも負わされており、さらに有罪とされた人への資産を支払う義務を負っているのが州又はその部局である場合にも、その州又はその部局に通知義務が負わされている(同第二項(b))。

**被害者による損害賠償訴訟の提起**

そして通知を受けた事務局は、すべての承知している被害者にそのような収益又は資産の存在を通知する(同第二項(c))。民法その他の法律における時効の規定にかかわらず、その犯罪で被害を受けた被害者は、そのような収益又は有罪判決を受けた人の資産を知ってから三年以内に、有罪とされた者に対し裁判所に損害賠償を求める訴訟を提起することができる(同第三項)。被害者は、訴訟提起の事実を訴状のコピーを提出して事務局に通知するか、提訴に先立って事務局に通知し、事務局が仮の救済を求めることを可能にすることができる(同第四項)。被害者から訴状のコピーを受領し、又は訴訟提起の予定を通知された場合、事務局は、他のすべての被害者に配達記録付きで受領の印を求める郵便でそのような収益ないし有罪判決を受けた人の資産の存在を通知し、通知を受けてから三年間の間六カ月に少なくとも一度、犯罪が犯された場所で発行されている新聞に告示を掲載し、訴訟で特定された資産や新たに見つかった犯罪からの収益や有罪とされた人の資産が浪費されないような措置をとる(同第五項)。事務局は、原告及び被害者のために、仮の救済を求めることができる(同第六項)。

**通知義務の違反への制裁**

契約当事者が、事務局への通知義務を、事情を知りながら悪意で怠った場合、事務局は、通知を怠った者に聴聞の告知を送付する（同第七項（a））。そして、事務局長又はその指定する者は聴聞を開き、証拠の優越をもって、当事者が事情を知りながら悪意で義務を怠ったと判断した時は、その旨を認定し、支払われた又は支払われるべき金額の限度内で課徴金と一〇〇〇ドル又は支払われた又は支払われる収益の金額の一〇％以内の民事制裁金の支払いを命じることができる。もし当事者がこの課徴金及び民事制裁金を支払わなかった場合は、法務総裁[32]が訴訟を提起して回収することができる（同第七項（b））。

**収益及び課徴金からの被害者への支払い**

被害者が民事訴訟の判決を事務局に提示した場合、事務局はその損害賠償額を収益から、収益の限度で支払う（同第七項（b）（iii））。複数の被害者が民事訴訟を提起したと通知するか、民事訴訟を提起する意図であると通知した場合は、訴訟がすべて終結するまで待ち、もし損害賠償額の総額が収益の金額を超えた場合は、それぞれの損害賠償額に応じて支払いに充てる（同）。

もし訴訟が三年以内に提起されなかった場合には、回収された金銭を返還する（同第七項（b）（iv））。

**「有罪判決を受けた人の資産」の剝奪**

これに対し有罪判決を受けた人の資産は、その源泉を問わない。犯罪が原因となって得られた資産であることは必要ではない。有罪判決を受けた人が得た資産が、一万ドルを超える場合、それが児童扶養手当でない限りは、資産として被害者救済に回される。ただし、収益規定とは異なり、この資産規定が適用されるのは、一定の列挙された「指定された犯罪」で有罪になった者に限られ、それは暴力的な重罪などの一定の重大な犯罪を指す。しかもこの規定は有罪判決を受けた人が刑事司法制度のもとにある限りでのみ適用される。したがって、有罪判決を受けた人が、刑に服している間か、仮出獄中であるか、刑が満了してから三年の間に得たものである限りにのみ適用されるのである。[33]

## 大きく変わった法律の目的

このように、現在のニューヨーク州の「サムの息子法」の基本的な枠組みは当初のものからはほとんど変わっていないが、その目的は、かなり変わっている。

「サムの息子法」は、当初は、犯罪を犯して有罪判決を受けた人が犯罪に関して表現したことから収益を得るべきではないという立場から制定されている。後述するように、その後の改正で、犯罪の結果価値が上がった物品による収益をも剝奪の対象とする州が増えたが、それでもほとんどの州の「サムの息子法」は、犯罪を犯した人が犯罪を理由に利益を得るべきではないという考え方に立っている。

ところが、ニューヨーク州では、今や有罪判決を受けた人が得た資産はすべて被害者の救済に回される。収益規定とは異なり、資産規定の方は、資産が犯罪に由来すること、犯罪の結果として価値が上がったものであることは要件とされてはいない。実際、その立法史から見て、ニューヨーク州の

「サムの息子法」は、受刑者が権利侵害を理由に州に対して損害賠償を求め、得られた賠償金を、被害者の救済に回すことを意図したものである。[34] この賠償金は、有罪判決を受けた人が犯罪の結果得たものでもなければ、犯罪の結果価値が上がったものでもない。

したがって、ニューヨーク州の「サムの息子法」は、もはや犯罪を犯した人が犯罪によって利益を受けるべきではないという考え方によっては正当化されえないものである。[35] むしろそれは被害者の救済を確保するという目的の方に力点を置いていると言うことができる。

「サムの息子法」はニューヨーク州に端を発し、他の州にも広く広がったが、このような過激な転換は他の州では生じていないようである。その意味では、ニューヨーク州の「サムの息子法」は、もはやアメリカの「サムの息子法」の典型例ではなく、むしろ例外的な存在となっていると言えるかもしれない。[36]

## 3　もともとの「サムの息子法」が残されている州

**少なからざる州では「サムの息子法」は改正されないまま残されている**

このようにニューヨーク州法は、違憲判決を受けて修正され、しかも現在は、初めのものとはかなり形を変えている。しかし、ニューヨーク州法をモデルにして「サムの息子法」を制定した州の中には、依然として州法を改正しないまま残しているところが少なくない。これらの州の「サムの息子法」も、もしそれが、合衆国最高裁判所の違憲判決にもかかわらず、問題点が修正されないまま残されていれば、初めのニューヨーク州法と同じ運命は免れない。[37]

例えば、ロードアイランド州では、剝奪の対象となるのは、有罪判決を受けた人が有罪とされたその重罪に関する表現行為に限定されていたが、サイモン・シュスター事件判決後改正されないままであったため、それでもなお違憲判決が出ている。

ロードアイランド州の犯罪報酬配分法によれば、「いかなる人、団体、会社、パートナーシップ、集団ないし法人であれ、刑事責任を有している人、刑事責任を有していると主張されている人、その代理人又はその授権を受けた人と、犯罪もしくは犯罪と主張されているものの出来事、それを構成する及び、あるいはそれを取り巻く、及び、あるいはその動機となったものを商業的に利用する契約をする者は、契約締結後一〇日以内に、その契約を財務担当者に提出し、支払い義務が生じた日から一〇日以内に、さもなければ契約の条件により支払われるもしくはその指示に基づいて配分されるべき報酬を財務担当者に支払わなければならない」（ロードアイランド州一般法第一二編刑事手続第一二－二五・一－三条（a））。

ここでいう「刑事責任を有している人」は、ロードアイランド州内で重罪を犯して他の人に身体的被害ないし財産の喪失を生じさせて有罪判決を受けた人、そのような犯罪の容疑で起訴されて心神喪失のゆえに無罪と判断された人、又はそのような犯罪を犯したことを自発的に認めた人を指し（第一二－二五・一－二条第六項）、「商業的に利用」は、「経済的対価のために行われるいかなるコミュニケーション媒体によるものであれ、すべての出版、再現、ドラマ化、インタビュー、描写、説明又は表現」を指し、これには「映画、書籍、雑誌もしくは新聞記事、テープ録音、静止画像、ラジオもしくはテレビの番組、ライブの提示又はいかなる種類のものであれそのほかの提示」を含む（第一二‐二五・一‐二条第三項）。

## ロードアイランド州最高裁判所の違憲判決

しかし、ロードアイランド州最高裁判所は、Bouchard v. Price, 694 A. 2d 670（R. I. 1997）において、この規定は、サイモン・シュスター事件判決で違憲とされたニューヨーク州法と同様の欠陥を免れていないと判断した。この事件では、被告クレイグ・プライスは、一五歳の時に、ジョアン・ヒートンとその二人の娘を殺害した容疑で家庭裁判所に送致され、この非行の事実を認めた。そこで、被害者の家族や遺産管理人が、被告に対して不法行為や不当利得などを理由に損害賠償を求めた。その際に、ロードアイランド州の一九八三年の「サムの息子法」である犯罪報酬配分法も援用された。

ロードアイランド州の最高裁判所は、被告加害者が家庭裁判所において少年事件で罪を認めたため、彼が「刑事責任を有している人」に当たることは認めた。しかし、同規定は、表現活動にのみ適用され、しかも特定の内容の表現に対してのみ適用される。そこで裁判所は、たとえ州の目的が収益の剝奪という表現内容中立的な目的であったとしても、法律の文面上表現内容に基づく区別をしている以上、表現内容に基づく制約と判断せざるをえないという。そのため厳格審査を適用した。

ロードアイランド州最高裁判所は、州法が、合衆国最高裁判所で認められた、犯罪を犯した人が犯罪から利益を得ないようにするという利益と被害者の賠償を図るという、やむにやまれない利益を目的としていると認めたが、手段に問題があると判断した。ニューヨーク州法と異なり、ロードアイランド州法は重罪にしか適用されず、それゆえ重大な犯罪でなければ適用はないが、犯罪に単に付随的ないしわずかばかり触れていただけでも報酬が剝奪される点で過度に広汎すぎるというのである。州の法務総裁は、この規定は、犯罪に実質的に触れていない限りは適用されないと主張するが、法律の文面上「すべての」表現に適用されることが明記されている以上、このような主張は受け入れがたいという。しかも、なぜ表現行為だけを狙い撃ちする必要があるのかを州法務総裁は正当化しえていない。それゆえ、この規定は、修正第一条と相いれないと結論したのである。

したがって、ロードアイランドでは、法律の上では「サムの息子法」がそのまま残されているが、州最高裁判所で全部無効と判断されている以上は、もはやその適用はありえない。

## 4　カリフォルニア州

### カリフォルニア州の改正された「サムの息子法」

若干の州は、合衆国最高裁判所の違憲判決の後、「サムの息子法」を廃止した。これに対し多くの州は、その「サムの息子法」を合衆国最高裁判所のサイモン・シュスター事件の違憲判決に対処するように修正している。[38] このようにして、合衆国最高裁判所の違憲判決で指摘された問題点が是正されていれば、改正された「サムの息子法」は修正第一条には違反しないものとされる可能性がある。[39] ただ、改正された州法が、憲法に反しないかどうかは微妙な問題である。

興味深いのは、ハリウッドを抱え、テレビ番組や映画の製作会社が多く位置するカリフォルニア州の事例である。同州は、最初の「サムの息子法」を一九八三年に制定した。そして、州議会は、サイモン・シュスター事件判決を受けて、同法を一九九四年に大きく修正した。[40] しかし、それにもかかわらず、カリフォルニア州最高裁判所は、Keenan v. Superior Court, 40 P. 3d 718(Cal. 2002), cert. denied, Sinatora v. Keenan, 537 U. S. 818(2002)において、この修正された「サムの息子法」は、依然として合衆国最高裁判所で違憲とされた欠陥を克服しえていないとして、違憲と判断した。

改正された民法第二二二五条によれば、同州の「サムの息子法」は、「有罪判決を受けた重罪犯人」にのみ適用される。この「有罪判決を受けた重罪犯人」は、「カリフォルニア州で犯された重罪を理由に、裁判所によって、陪審裁判によってないし有罪答弁により、有罪判決を受けた人又は心神喪失のゆえに無罪とされた人」を指す(第(a)項(1))。そしてこの法律は、「有罪判決を受けた重罪犯人が有罪判決を受けた重罪のストーリーを含む又はそれに基づく物品の販売の準備、物品に対する権利、犯罪又は権利に基づく物品の販売から得られる収益」を受益者のために強制的な信託に付す(第(b)項(1))。ここでいう、「物品」とは、「いかなる種類のものであれ、書籍、雑誌ないし新聞の記事、映画、フィルム、ビデオテープ、録音、テレビないしラジオにおけるインタビューないし出演又はライブでの実演」を指すと極めて包括的であり(第(a)項(6))、「ストーリー」とは、「重罪の記述、描写、再現を意味し、脚注や参考文献一覧の中における場合のように、その重罪に関して束の間にのみ言及している場合を含まない」(第(a)項(7))。受益者とは、有罪判決を受けた人が有罪判決を受けたその犯罪のゆえに、有罪判決を受けた人に対し、身体的・精神的・感情的被害ないし金銭的損失の損害賠償を求める権利を有する人、つまり当該犯罪の被害者を意味する(第(a)項(4)(A))。

この信託は、重罪犯人への収益の支払いの時から五年間又は有罪判決の日から五年間のいずれか遅い時期まで継続する。この期間に受益者からその信託にある利益に損害賠償を求める訴訟が提起された場合は、信託はその訴訟の終結まで継続する。そして、この五年間の信託期間の終了後は、受益者によって請求されなかった信託に残された収益は、州の財政に移管され、損害塡補基金に充てられる（第(b)項(1)）。

そして、受益者は、有罪判決を受けた重罪犯人等に対し、信託における利益に対して損害賠償を求める訴訟を提起することができる（第(c)項(1)）。裁判所が受益者の主張を認めた場合は、受領された収益からの支払いないし将来受領するかもしれない収益からの支払いを命じることができる（第(c)項(3)）。

さらに法務総裁は、有罪判決を受けた重罪犯人が得る収益を銀行において明示的な信託に付すことを求める訴訟を提起することができる（第(e)項(1)）。この訴訟で、収益が本法の強制的信託の対象となる収益であり、受益者がいそうだと証明できれば、裁判所は、すべての収益を銀行に預金し、銀行に信託の預かり手として、支払いが終わるまで又は指定された期間の満了までの間管理することを命じることができる（第(e)項(3)）。

その上、被害者又は法務総裁による訴訟において、申し立てがあれば、裁判所は、収益が本法の対象となる収益にあたり、浪費されうると認めたときは、収益の浪費を防ぐための仮の救済を命じることができ、起訴が提起されていれば、被告人に対しても同様の仮の救済を命じることもできる（第(f)項）。

### カリフォルニア州最高裁判所の違憲判決

しかしカリフォルニア州最高裁判所によれば、それでも、これは保護された表現に対する表現内容に基づく経済的制裁であって、過度に広汎であるため、厳格審査を満たさないという。

この事件は、有名な歌手フランク・シナトラの息子、フランク・シナトラ・ジュニアがバリー・キーナンに誘拐された事件に端を発する。キーナンは逮捕され、起訴され、有罪判決を受けて服役した後、雑誌にインタビュー記事を掲載する合意が成立し、「シナトラをひっさらう」と題する記事が雑誌に掲載された。そして、コロンビア・ピクチャーズが映画化を図ることとなり、一五〇万ドルで合意が成立した。そこでフランク・シナトラ・ジュニアが、「サムの息子法」に基づいて、コロンビア・ピクチャーズなどに対し、対価の支払いを留保するよう求めたが拒否された。そこで、フランク・シナトラ・ジュニアが裁判所に訴訟を提起したものである。

カリフォルニア州最高裁判所は、この事件にも、サイモン・シュスター事件判決が適用されるという。原告は、カリフォルニア州の法律は、ニューヨーク州の法律と異なり、違憲性が推定されるべき表現内容に基づく法律ではないという。しかし、カリフォルニア州最高裁判所によれば、カリフォルニア州法は、ニューヨーク州法と同様、「特定の主題に関する言論又は表現に直接的な経済的不利益」を与えており、このような主張は受け入れられないという。原告は、言論に経済的制裁を加える法律が必ず修正第一条に反するとは限らないという。しかし原告は、言論からの収益をその表現のゆえに剝奪する州法が、サイモン・シュスター事件で問題とされた州法と異なり、違憲性が推定されるものではないことを証明しえてはいない。カリフォルニア州法が、ニューヨーク州法のように契約するマス・メディアにではなく、収益を受ける犯罪者の方に向けられている点も、本件に違いをもたらすものではない。サイモン・シュスター事件判決は、収益を誰から剝奪しようと、州法が言論の表現内容のゆえに経済的不利益を課していることに変わりはないと判断しているというのである。それゆえ、カリフォルニア州の規定も、「疑わしい言論の表現に基づく規制である。それゆえ、その規定は、最低限、それがやむにやまれない州の利益に仕える必要不可欠の手段でない限り違憲である」という。

カリフォルニア州最高裁判所は、犯人の言論に基づく収益だけを狙い撃ちにするやむにやまれない利益は存在しないが、犯罪の成果を一般的に被害者救済に回すやむにやまれない利益はあると認める。それゆえ問題は、手段が必要不可欠に限定されているかどうかである。

しかしカリフォルニア州最高裁判所は、犯人がその犯した犯罪に関するストーリーを悪用して得られる原稿料などであればともかく、州法が剝奪する収益は、犯人が犯罪の結果の利得を被害者救済に回すのに必要な範囲以上に収益を剝奪しているという。つまり、カリフォルニア州最高裁判所は、収益を剝奪しうるのは、有罪判決を受けた人がその犯罪に関して被害者に対して搾取的な仕方で表現した場合に限られると考えたのである。

確かに、カリフォルニア州法では、州法は重罪を犯して有罪判決を受けた人にしか適用されない。しかも収益が剝奪されるのは、犯罪に関する「ストーリー」についての表現物のみで、しかも束の間の言及は例外とされている。ところがカリフオルニア州最高裁判所は、これらの限定によっては、州法の欠陥は是正されえないという。

それゆえ、カリフォルニア州の「サムの息子法」は、修正第一条に反するだけではなく、カリフォルニア州の州憲法の保障する表現の自由をも侵害するがゆえに、文面上無効だと結論したのであった。

そして合衆国最高裁判所は、事件の上告の受理を拒否し、このカリフォルニア州最高裁判所の判決が確定した。後述するように、カリフォルニア州法は、このように有罪判決を受けた人によるその犯罪に関する表現行為に加えて、犯罪の結果有名になったことで価値が上がった物品の販売等によって得られた収益をもすべて剝奪の対象とするように改正されているが、この改正にもかかわらず、問題となった規定が、犯罪に関する表現を狙い撃ちにして、その収益を剝奪しようとしている以上、違憲判決は仕方ないことだったのかもしれない[41]。

### 「サムの息子法Ⅱ」

この第二二二五条は、今なお州の民法の中に残されている。しかし、それが州の最高裁判所で違憲と判断されている以上、もはやそれは適用不可能である。州議会は、しかし、この第二二二五条を改正ないし廃止するのではなく、民事訴訟法の規定を改正して、犯罪被害者の損害賠償訴訟の時効を改めることとした(カリフォルニア州民事訴訟法第三四〇・三条)。それによれば、

「第三四〇・三条(a)特定の訴訟に対してより長期の時効が定められていない限り、被告人が有罪判決を受けた重罪を被告人が遂行したことに由来する被告人に対する損害賠償訴訟においては、訴訟の提起は、判決が宣告されてから一年以内とする」。

「(b)(1)第(a)項の規定にかかわらず、被告人が有罪判決を受けた重罪を被告人が遂行したこと

に由来する被告人に対する損害賠償訴訟は、有罪判決が、刑法典……で指定された犯罪に対するものである場合には、被告人が仮出獄を認められた日から一〇年の間に提起することができる。
(2)第一号の民事訴訟は、次の場合には提起することができない。
(A)被告人が、……更生の証明書を受領した場合、
(B)殺人又は殺人未遂の有罪判決の後、被告人が、刑期判定委員会に提出された、親密なパートナーの暴力が理由で犯罪を犯したとの証拠に一部又は全部基づいて仮出獄が認められた場合、
(C)被告人が、第二級殺人罪又は殺人未遂罪で有罪判決を受けていて、公判において、親密なパートナーの暴力の被害を受けていたためにその犯罪を犯したことの実質的証拠が提出されていた場合、
(D)被告人が、不法に拘禁ないし拘束されていたが、……人身保護令状を得て釈放された場合」。
したがって、カリフォルニア州では、現在は、この「サムの息子法Ⅱ」と呼ばれる犯罪被害者の損害賠償訴訟の時効に関する特例だけが、有効な規定として残されていることになる。

## 5　それ以外の改正された州

### ネバダ州の「サムの息子法」

サイモン・シュスター事件判決以降「サムの息子法」が改正されたり、再制定されたりしたこれ以外の州でも、カリフォルニア州と同じように、なおその合憲性が疑問とされたところは少なくない。

例えばネバダ州でも、サイモン・シュスター事件判決の後、合衆国最高裁判所で指摘された問題点

を是正するために州法の改正が行われたが、それでも違憲とされている。ネバダ州法によれば、重罪の被害者は、その被害者に対して行われた重罪に基づくか実質的に基づく表現物（materials）に寄与したことに対する収益を受ける権利をその重罪を犯した人が得た時から五年の間に、民事訴訟を提起することができる（ネバダ州法典第二一七・〇〇七条）。ここでいう「表現物」は、「いかなる種類のものであれ、書籍、雑誌もしくは新聞記事、映画、ビデオテープ、録音、テレビ局もしくはラジオ局におけるインタビューないし出演及び実演」を意味し、被害者は、その犯罪の対象となった人、犯罪の直接的な結果危害を被ったか殺害された人又はそのような人の遺族に限られていた。

この規定は、収益を強制的に剝奪するのではなく、犯罪被害者に、不法行為訴訟の時効にもかかわらず収益への訴訟を認めただけであった。しかしネバダ州最高裁判所は、これでも納得しなかった。

この事件では、一九九八年、ジミー・ラーナーがマーク・スラビン殺害容疑で逮捕されて有罪判決を受けた。州刑務所に収容中、ラーナーは書籍を出版し、殺人の状況と刑務所内の様子を記述した。そこでスラビン被害者の妹が、被害者の母親に代わって、「サムの息子法」にしたがって損害賠償を求める訴訟を提起した。

ところがネバダ州最高裁判所は、Seres v. Lerner, 102 P. 3d 91 (Nev. 2004) において、サイモン・シュスター事件判決にしたがって、法律は、犯罪に関する表現行為から得る収益に明示的かつ排他的に適用されること、特定の表現に対してのみ経済的負担を負わせていることから表現内容に基づく制約と言わざるをえないと判断した。そのため厳格審査が適用された。

裁判所は、州には被害者救済と犯罪者が犯罪で利益を得ないよう確保するというやむにやまれない利益があることを認める。問題は手段が必要不可欠なものに限定されているかどうかである。そして裁判所は、法律がその被害者に対して行われた重罪に基づくか実質的に基づく表現物に由来する収益にすべて適用される点、及び被告が被害者に対する犯罪で有罪判決を受けた人である必要がない点を問題とする。これによれば、犯した犯罪に部分的ないし付随的にのみ触れた表現物にも適用される点で過度に広汎すぎるというのである。しかも裁判所は、原告が「重罪を犯した人」に対して訴訟を提起できることを捉え、法律にはこの定義がなく、有罪判決を受けたことの限定が挿入されていないことを指摘し、これも広汎すぎると判断した。裁判所は、法改正の目的から見て、この点ではこの法律は有罪判決を受けた人にのみ適用されると限定解釈してもいいとしたが、それでもこれでは法律の欠陥は治癒されないと結論した。

**メリーランド州の「サムの息子法」**

メリーランド州は、初めの「サムの息子法」を一九八七年に制定し、合衆国最高裁判所のサイモン・シュスター事件判決を受けて、一九九二年に改正した。しかし、この改正法も、Curran v. Price, 638 A. 2d 93(Md. 1994)において、疑問とされている。

改正されたメリーランド州刑事訴訟法第一一-六二二条によれば、被告人、その代理人、又はその授権を受けた人との間に「犯罪の有名さを利用した契約」(notoriety of crimes contract)を締結した者は、契約の写しとその要約を法務総裁に提出しなければならず、その契約のもとで支払われる報酬その他の対価は、利益返還命令に服するものを除いて法務総裁に支払わなければならない(第(a)項)。「犯罪の有名さを利用した契約」に当たるかどうかは法務総裁が判断し、契約が犯罪の有名さを利用した契約であるとの反証を許す推定が働き、当事者はそれが犯罪について付随的にしか触れていないと反証できない限り、推定は覆らない(第一一-六二三条第(b)項及び第(c)項)。

改正された州法は、表現内容中立的な規制にしようと、(1)「いかなる種類のものであれ、映画、書籍、雑誌記事、テープ録画、音声録音、ラジオもしくはテレビジョンの提示の中で犯罪を再現すること」(2)「犯罪の直接の結果としての侵害、殺害又は財産の損害を含む又はそれに帰する犯罪に関する被告人の考え、感覚、意見もしくは感情を表現すること」と並んで、(3)「犯罪、量刑もしくは犯罪又は量刑の悪名の高さに直接又は間接に由来する金銭その他の対価又は収益の支払い又は交換」に関する契約も、適用対象の中に含んでいた(第一一-六二一条第(c)項)。しかし、犯罪に関する表現行為がその中に含まれていることは明らかであった。

州裁判所は、これは合衆国最高裁判所で問題とされたのと同様に、表現内容に基づく制約であることは否定されていないという。その上、契約が法律の対象となる契約かどうかを決定するために、州の法務総裁は内容を審査しなければならない。裁判所は、このこと自体が、州法が表現内容に基づく制約であることを示しているという。それゆえ、州法が過度に広汎でないのかとの疑問を生じさせる。

しかも、裁判所は、犯罪の有名さに由来する収益に当たる場合は、すべて収益が一応エスクローされ、当事者が法務総裁に対して、表現が犯罪に付随的にしか触れていないことを証明できれば例外が認められる仕組みがとられていたが、このあらかじめ収益を剝奪する仕組みは表現に対する事前抑制にあたり、しかも十分な手続的保護が与えられていないと指摘する。

したがって、裁判所は、改正法にもなお問題点が残されていることに懸念を表明したのである。[42]この州法は現在も残されているが、それゆえその有効性には疑問の余地があり得よう。

### ノースダコタ州の「サムの息子法」

このように、たとえ違憲判決を受けて改正された州においても、それが、犯罪に関する表現行為を狙い撃ちにしているようなところでは、その合憲性は疑わしい。[43]ノースダコタ州やそのアプローチを踏襲した州では、「犯罪……を犯す際に得られた独特な知識を利用して得られ」る資産を狙い撃ちにした改正を行っている(ノースダコタ州法典第三二−〇七・一−〇一条第一項)。それによれば、次のものは、「犯罪からの利得」とみなされる。

「(1)被告人が有罪判決を受けた犯罪の遂行によって得られた財産又はそれと実質的に関連する収入、(2)犯罪の収益の販売、転換又は交換によって得られた財産又はそれに実質的に関連している収入(その犯罪、転換又は交換によって得られた利得を含む)、及び(3)有罪を受けた重罪犯人が犯罪の遂行によって得た財産又はそれに実質的に関連した収入(犯罪の遂行又はその遂行の準備の過程で得られた独特の知識を利用して得られたものを含む)又はその販売、転換又は交換によって得られた財産又はそれに実質的に関連した収入又はその販売、転換もしくは交換によって得られた利益」(第一項(e))。

そして、このような有罪判決を受けた重罪犯人に帰属する利得は、受益者、つまり犯罪被害者のための擬制信託に付する(第二項)。この信託は、有罪判決から六年間継続し、その間に受益者からその信託に付された利益に対する受益者の利益を回収するために訴訟が提起された場合には、その訴訟の終結まで継続する。犯罪被害者は、有罪判決を受けた重罪犯人に対して、この信託に付された利得に対して有する利益を回収するための訴訟を提起することができる(第三項(a))。そして裁判所が犯罪被害者の権利を認めれば、この信託された利得から支払いを命じることができる(もし足りなければ将来受けるかもしれない利得からも支払いを認めることができる)(第三項(c))。

さらに、州の法務総裁は、有罪判決を受けた人が受け取る犯罪の利得を、指定された銀行において、その銀行を信託受託者として、明示的な信託に付すよう求める訴訟を提起することができる(第五項(a))。この訴訟は、有罪判決を受けた重罪犯人が利得を受領してから六カ月又は有罪判決から六カ月のいずれか遅い時期までに提起されなければならない(同(b))。法務総裁が、利得が擬制信託に付する犯罪からの利得であり、犯罪被害者がいそうだと証明できれば、裁判所は利得を銀行に預金するよう命じるものとされ(同(c))、さらに裁判所には利得が浪費されないよう仮の救済を認める権限が認められている(同(d))。

これも結局は、犯罪の結果得られた独特の知識の利用、つまりはその知識を利用した表現行為を狙い撃ちにしているのではないかと思われる。それ以外の知識の利用というのは、ほとんど考えられないであろう。したがって、このような定義であっても、その合憲性には疑問がありうるのではなかろうか。

実際、マサチューセッツ州では、犯罪の結果得られた独特の知識の利用に対する報酬を対象とする改正法案の合憲性に対し州最高裁判所に勧告的意見が求められ、マサチューセッツ州最高裁判所は、In the Opinion of the Justices to the Senate, 764 N. E. 2d 343(Mass. 2002)において、それに違憲の判断を示している。マサチューセッツ州では、一般法典第二五八A条の中で、暴力的犯罪の被害者への補償について定めていて、その中に「サムの息子法」があった(マサチューセッツ州一般法第二五八A条)。州議会は、一九九三年にこれを廃止した。しかし、マサチューセッツ州議会は、二〇〇一年に新たに改正法を制定しようとしたわけである。

改正法案では、「犯罪に関する収益」を「犯罪を犯す手段によって又はその結果として獲得された独特の知識又はその著名さを用いて得られた資産、物品、金銭及び財産」と定義し、犯罪を犯した人と契約を結ぶ人には、その契約が犯罪に実質的に関連しているかどうかの判断のため州の当局への契約の写しの提出を義務付け、もしそれに当たる場合には、一五日以内に有罪判決を受けた人に支払う代わりに州の当局に支払いが義務付けられ、支払われた報酬等はエスクロー口座に預金されて、被害者に利用可能なものにするものであった。当事者は不服申し立てをすることもできるし、裁判所に救済を求めることもできる。ただし、裁判所に訴訟を提起しても、対価を州当局に支払う義務は停止されない。州当局は被害者にそのような契約の存在を告知した上で公示し、被害者は、他の法律のもとの時効規定にもかかわらず三年間の間に訴訟を提起することができ、有罪が確定したか犯罪を犯したことを自発的に認めたときには、エスクローされた収益から支払いに充て、期間終了までに残された預金のうち、半分は当事者に、残りの半分は州の被害者救済基金に回されることとなっていた。

しかし、裁判所は、改正法案は、特定の内容の表現だけに負担を負わしており、明らかに表現内容に基づいているという。つまり、犯罪の遂行を描くか、再現するか、その他の方法で関連している作品にのみ適用されるというのである。しかも、その報酬が犯罪に実質的に関連しているか、単にわずかに触れただけであるのかの判断のため、州当局は表現の内容を審査せざるをえないことを捉えて、これは依然として表現内容に基づく制約だという。

改正法案の合憲性を支持する者は、改正法案は有罪を受けた人がどのような見解を表明しているかにかかわらず適用される点で、厳格審査の適用に反対する。しかし裁判所は、合衆国最高裁判所の枠組みでは、特定の見解に向けられていなくても、特定のトピックに向けられている限り、表現内容に基づく制約として等しく扱われなければならないという。したがって、改正法案は、表現内容に基づく制約として厳格審査を満たさなければならない。

しかし、裁判所は、改正法案は、犯罪を犯した人は犯罪から利益を受けないよう確保する利益と被害者の賠償を確保するという利益という、やむにやまれない利益にとって必要不可欠な限度に限定されているかを問題とし、これを否定した。改正法案では、実際に有罪判決を受けていなくても、自発的に犯罪を犯したことを認めた人にも法律が適用されることになっており、これはサイモン・シュスター判決で問題とされたニューヨーク州法と同様、過度に広汎過ぎるという。しかも改正法案は、収益をエスクローさせておいて、被害者から訴訟が提起されれば、それが確定するまで待ち、賠償が認められればそれに配分した上で、残りは被害者基金と当事者で分配する仕組みである。その結果、収益を受け取るまでに極めて長期間を要し、しかもいくら手に入るのか予測がつかない。このような結果、有罪判決を受けた人は表現行為を行うインセンティブを失い、出版する側は、表現行為を行う人が奪われるだけではなく、その負担のゆえに自らそのような表現物を出版しようという意欲がそがれる形になる。このような負担は、やむにやまれない州の利益を達成するために必要不可欠な限度に限定されているとは到底言えないという。

さらに裁判所は、目的を達成するためにはより負担が少なくもっと限定された代替手段が存在するという。それは将来の収益を見越した仮出獄の条件の設定であったり、加害者に対する損害賠償訴訟によって財産差し押さえ手続をとることであったり、差止めであったりする。裁判所は、これらの手段も表現行為を制約しうるが、これらの方がそれぞれの状況に応じ設定でき、改正法案のような過度に広汎な措置はとても必要不可欠に限定されているとは言えないという。

しかも裁判所は、改正法案が、表現の事前抑制として機能し、しかも十分な手続的保護も欠いている点にも懸念を表明している。合衆国最高裁判所は、表現の事前抑制には、政府の側に立証責任があり、裁判所の決定に先立つ事前抑制は短期間でなければならず、迅速に裁判所の救済の余地が必要であると判断している。しかし改正法案では、州当局の判断を争うためには当事者が裁判所に訴訟を提起しなければならず、しかも州法上、裁判所は州当局の判断を尊重することが義務付けられている。これでは州当局に立証責任があるとは到底言えない。さらに迅速な裁判所の救済が確保されているとも言えない。

したがって、裁判所は、改正法案は修正第一条に反していると結論したのである。その結果、マサチューセッツ州では、「サムの息子法」は廃止されたまま現在に至っている。

## テキサス州の「サムの息子法」

また、テキサス州では、「禁制品(contraband)」の没収に関する規定の中で、「禁制品」の定義の中に、一定の重罪を犯すために用いられたものなどとともに、一定の重罪や「暴力的犯罪」を犯したことによって得られた「収益」が含まれ(テキサス州刑事訴訟法第五九・〇一条第二項)、この「収益」には、「起訴された人もしくは有罪判決を受けた人又はその代理人もしくはその授権を受けた人が、次のものから得た収入が含まれる。すなわち、

(A)その犯罪が再現されている映画、書籍、雑誌記事、録音テープ、録音レコード、ラジオないしテレビの出演、電話、インターネットのウェブサイトを含む電子的媒体又はライブエンターテインメント、又は

(B)犯罪で起訴された人又は有罪判決を受けた人が犯罪で有罪判決を受けたことで有名となったことでその価値が上がった物品の販売」(同第七項)である。そして、このような「禁制品」は没収の対象とされているが(第五九・〇二条)、これにより没収された収入は州の法務総裁に移譲され(第五九・〇六(k)条第一項及び第二項)、法務総裁は、この収入をエスクロー口座に預金し、その金銭は、犯罪で被害を被った被害者の損害賠償に充てられる(同三項)。そして口座開設から五年が経過した段階で残されている金銭については、犯罪被害者基金に送金される(同)。ここでも、犯罪に関する表現行為が特別な没収の対象として選り出されている。したがって、ここでも、その合憲性に疑念がありうるものと思われる。

# 6 「サムの息子法」の現在

## 「サムの息子法」の仕組み

このように、アメリカの「サムの息子法」は、多くの州で制度化されてはいるものの、その合憲性についてはなお不明確な点が残されている。いずれにしても、もともとのニューヨーク州の「サムの息子法」をモデルにして多くの州が「サムの息子法」を制定しながらも、それが違憲とされてから、そのまま残っているところもあれば、憲法上の問題点を是正するために改正したところもあり、各州の「サムの息子法」はかなりばらつきがある。

ニューヨーク州の州法は、犯罪に関する表現行為から得られる収益に限定して収益を剝奪していたが、すでに見たように、これは違憲とされた。多くの州では、同様に犯罪に関する表現行為から得られる収益に限定して収益を剝奪していたので、これらの州法は改正されない限り違憲とされることを免れない。[44] その結果、幾つかの州では、犯罪に関する表現行為に由来する収益だけに限定せず、犯罪の結果直接的又は間接的に得られたすべての収益に剝奪の対象を拡大している。ただ、犯罪の結果得られる収益の中に、犯罪に関する表現行為に由来する収益が別個に列挙されている場合(例えばアイオワ州法第九一〇・一五条)、法律は結局そのような表現行為に由来する収益を狙い撃ちにしているのではないかとの疑問を生じさせることもありうる。また、後述するように、このような犯罪の結果の収益に加え、新たに、犯罪の結果有名となり、そのために価値が上がった物品、いわゆる「殺人記念品」の販売から得られる収益をも剝奪の対象としているところもある。さらに、すでに見たように、ニューヨーク州では、有罪判決を受けた人が得たすべての資産は、それを得た理由が何であれ、剝奪の対象となっている。もし表現行為を狙い撃ちにしてはいないと判断されれば、これらは表現内容中立的な制約とされる可能性はある。同様に、犯罪の結果有名になったことに関する契約からの収益を剝奪する仕組みとしている場合も、その対象となる契約の中に犯罪に関する表現行為や犯罪に関する犯人の考えや感情の表明に関する契約が明記されている場合には、依然として表現行為を狙い撃ちした規制と考える余地もあろう。

　ほとんどの州では、元々のニューヨーク州法にならって、犯罪を犯して有罪判決を受けた人がその犯罪行為の結果収益を得た場合や、収益を伴う契約を締結した際に、州の法務総裁や被害者救済機関への告知を義務付け、さらに得た収益をエスクローないし強制的に信託させて[45]、州の被害者救済機関などが犯罪被害者にそのような収益の存在を告知するなどの制度をとり（幾つかの州はさらに新聞などへの公示も求めている）[46]、それに対して犯罪被害者に民事訴訟の提起を認める形をとっている。[47] 損害賠償訴訟の提起期間はかなりばらつきがある。[48] すでに見たようにニューヨーク州の元々の州法では収益がエスクローされてから五年以内に訴訟の提起が限定されていた。これに対し、ニューヨーク州の改正法では、収益は強制的にはエスクローされず、収益を剝奪するためには、州の被害者救済機関が裁判所に訴訟を提起しなければならない。収益のエスクロー又は強制的信託が制度化されているところでも、州の被害者救済機関に、明示的信託を求めて裁判所への出訴を認めているところも多い。州の被害者救済機関による出訴を認めているところでは、まずは収益が浪費されないよう確保するため、仮の救済を求める権限が明記されている。したがって、被害者救済機関は、収益があったことを知った時は、収益の剥奪を申し立てると同時に、収益が浪費されないように仮の救済を求めることになろう。これに対し、テキサス州のように、このような収益を「犯罪の収益」として没収し、その上で没収された収益を被害者救済に回す州もある。フロリダ州では、そのような収益に対する州の先取特権を認める形で、剥奪する(フロリダ州法第九四四・五一二条)。

**「サムの息子法」が適用される人、犯罪及び剥奪される収益**

収益の剥奪の対象となる人は、すでに見たようにニューヨーク州の元々のものでは、実際に有罪判決を受けていなくても、犯罪を犯したことを自発的に認めていれば法律が適用されたが、これは過大包摂だと判断された。他の州でも同様の規定があるところでは、改正されない限り、同じように違憲と判断されることになろう。[49]多くの州では、もともと実際に有罪判決を受けた人(もしくは心神喪失のゆえに無罪とされた人を含む)に限定されているか、違憲判決の後それに限定するよう改正されたため、この点での問題は存在しないものと思われる。[50]ただし、犯罪で起訴された人も対象とされている州にあっては、そこまで許されるのかどうかに疑問の余地がある。

犯罪の結果得られる収益がすべて剥奪の対象となっていても、犯罪に関する表現行為に由来する収益がすべて剥奪されているような場合には、なおその合憲性に疑問が提起される余地がある。合衆国最高裁判所が指摘したように、対象となる犯罪が些細なものであっても、さらにはその表現行為が、犯罪について少しばかりでもあるいは付随的にのみ触れていても剥奪の対象となるようであれば、元々のニューヨーク州法と同様、過大包摂なのではないのかとの疑問がありうるからである。もちろん、合衆国最高裁判所は、「サムの息子法」は表現内容に基づく制約であるので、厳格審査を満たす必要があるとして、この点を問題にしたのであるが、同時に表現内容中立的制約としてももっと緩やかな基準が適用されても、これでは必要な限度の制約とは言えないと判断している。とすれば、たとえ犯罪の結果の収益を表現内容中立的に剝奪していても、問題とされる余地は残されていよう。

### 被害者救済の仕組み

エスクローされた収益は、一般に、被害者が損害賠償訴訟を提起し、勝訴した場合には、その支払いに充てられる。複数の被害者又は被害者遺族がいる場合は、一般に期間中に提起された訴訟がすべて終結するまで待ち、認められた損害賠償額の総額に応じて、各被害者又は被害者遺族への支払いが分配される仕組みがとられている。すでに見たように、収益が残された場合は、有罪判決を受けた人に返還される州もあれば、州の一般財政に組み込まれる州もあれば、一般的な被害者救済基金に回される州もある。

### はっきりしない「サムの息子法」の合憲性

このように、アメリカの「サムの息子法」は、かなりばらつきがある。多くのところでは、当初のニューヨーク州法が一つのモデルとなってはいるが、それが合衆国最高裁判所で違憲とされた以上、そのままでは到底それは支持されえない。改正された州法の場合には、合憲とされる可能性はあるが、それでも問題点が治癒されているかどうかは定かではない。

ただ、改正された「サムの息子法」が実際に適用される例はそれほど多くはなく、またその合憲性が正面から争われることも少なく、改正された「サムの息子法」の合憲性について判断した裁判所の判決は少ない。[51] したがって、アメリカのほとんどの州（四〇以上の州で）で「サムの息子法」は存在するが、それがどこまで実際に効力を持っているのかどうか、はっきりと言えないのが現状である。少なくとも、「サムの息子法」の合憲性を支持した上級審の判決が一つもないことは、「サムの息子法」の現在に不明確なものを残す形になっているといえよう。

# 第三章　カナダの「サムの息子法」

## 1　ロバート・ピクトン事件

### ピクトン事件

アメリカ合衆国と同じような問題はカナダでも起きている。最近問題となった事例としては、ブリティッシュ・コロンビア州で、連続殺人事件で有罪とされ刑務所に収容されているロバート・ピクトン受刑者が、その回顧録を出版した事件があげられる。

ブリティッシュ・コロンビア州では、一九九〇年代、多くの売春婦が行方不明になっていた。最終的に二〇〇二年に容疑者として逮捕されたのが、豚の養育経営を行っていたロバート・ピクトン容疑者であった。警察の発表では、彼は四九人の女性の殺害を潜伏捜査していた警察官に自供したと伝えられている。彼は二六人の女性に対する殺害容疑で正式起訴され[1]、最終的に六人の女性を殺害したとして有罪判決を受け[2]、仮出獄の資格を今後二五年間欠く終身刑を宣告された[3]。当初これ以外にも他の二〇人の女性の殺害の容疑でも起訴されていたが、確実かつ迅速に有罪判決を得るために、この部分の訴追は停止されていた。この事件は、前例のない連続大量殺人事件であり、ブリティッシュ・コロンビア州内外で大きな関心を呼んだ。

### ピクトンによる回顧録の出版・販売

その彼が、まだ刑に服役中の二〇一六年二月、アメリカで回顧録を出版し、アマゾンを通して回顧録を販売した。『ピクトン――自ら語る』と題するこの自伝は、ピクトンが執筆した原稿を刑務所の同じ部屋の受刑者を通してカリフォルニア州のマイケル・チルドレスという人物に渡し、チルドレスがタイプを打って、コロラド州のある出版社を通じてチルドレスの名前で出版したものであった。しかし、これがアマゾンに出品されているという情報が被害者の家族に伝わり、被害者の家族から強い憤りの声が上がった。[4] 州政府も強い不快感を表明し、[5] すぐに出版社は出版を中止し、アマゾンも出品を停止した。[6]

ただ、州政府はこの出版販売を止めたくても、またその収益を剥奪したくても、そのような権限を欠いていた。そのような権限を認めた州法がブリティッシュ・コロンビア州には存在しなかったからである。

## 2 カナダ法の対応――連邦法

### 連邦の犯罪の収益没収規定

カナダは、アメリカと異なり刑事司法は連邦の管轄であり、連邦の刑法典が制定されているが[7]、その中で、第四六二・三条に、犯罪の収益と犯罪の手段に対する没収が定められている[8]。それによれば、指定された連邦法上正式起訴で起訴されて処罰されうる重大犯罪については、すべての犯罪について犯罪の収益の没収が可能である(第四六二・三七条)。ここでいう「犯罪の収益」は、「指定された犯罪を犯したことの直接ないし間接に得られた又はそれに由来するすべての財産、利益ないし利便」をいうと定義されており、極めて広汎である(第四六二・三条第一項)。ただし、犯罪を犯して逮捕、起訴ないし有罪判決を受けた後、犯罪について表現物を書いてそれによって得られる収益も「犯罪の収益」と言えるのかどうかは定かではなかった。

## 改正法案

一九九七年、これを改正し、有罪判決を受けた人がその犯した犯罪について表現行為を行った場合にも、その収益を犯罪の収益として没収し、そのような表現物に対する著者の著作権を政府に移譲する改正法案が、議員提案で提出された[9]。提出された議案C－二二〇によれば、まず刑法第四六二・三条の没収規定の没収対象の「犯罪の収益」の定義の中に、次の項目を加える。

「(C)カナダ国内又は国外で、有罪判決を受けた人が有罪判決を受けたその実際の犯罪の遂行について語るかもしくは描写した、又は当該犯罪の遂行もしくはそれを取り巻く状況に実質的に依拠した作品の作成であって、次の条件を満たす場合

(ⅰ)その犯罪が、正式起訴で起訴されうる犯罪であって、かつ

(ⅱ)その犯罪で有罪判決を受けた人又は有罪判決を受けた人が生計を依存する家族の一員であって有罪判決を受けた人と共謀している人が、その作品の執筆の結果又はその創出ないし公表に共謀ないし協力した結果受領するもの又は受領する権利を与えられたもの」。

そして、著作権法を改正し、次のように定める。

「第一二一・一条(1)刑法のもと正式起訴によって起訴されうる犯罪で有罪判決を受けた人によって、又はその人と共謀の上で、創出され、準備され、公表された作品であって、その作品が正式起訴によって起訴されうる犯罪もしくはそれを犯した状況に実質的に依拠したものについては、さもなければ有罪判決を受けた人に付与されるその作品に対する著作権は、女王陛下に帰属し[10]、有罪判決を受けた人に付与された場合に継続しうる期間継続する。

(2)第一項の規定は、有罪判決を受けた人が、正式起訴で起訴されうる犯罪の容疑で又は同一の状況に基づいて他の犯罪でもって起訴された時期以降に出版された作品に適用される。

(3)明確を期すため、さもなければ有罪判決を受けた人に付与されながら女王陛下に帰属される作品の著作権は、犯罪に対して科された刑が満了したことをもって有罪判決を受けた人に返還されることなく、女王陛下に帰属し続ける」。

その上で、刑法を改正し、次の規定を加える。

「第七二九・一条　ある人が、正式起訴で起訴される犯罪を理由に有罪判決を受けた場合は、刑の中に、有罪判決を受けた人及びその犯罪に関する作品には著作権法第一二一・一条の適用を認める命令が含まれるものとする」。

## 改正法案の行方

この法案は、ポール・ベルナード及びカーラ・ホムルカの夫婦による三人の少女の殺害の事件がきっかけであった。二人は、カーラの妹のタミー及び二人の十代の少女を強姦した上で殺害した容疑で逮捕された。ベルナードは、第一級謀殺罪などで仮出獄の資格を二五年欠く終身刑を宣告され、さらに「危険な犯罪人」に位置付けられた[11]。これに対しホムルカの方は、ベルナードの虐待を受け、強いられてやむを得ず犯行に加わったと自供し、検察官と司法取引をして一二年間の禁固刑に服した。ところがその後、犯行の状況を記録したビデオテープが見つかり、実はホムルカの方が犯行に主導的な役割を果たしていたことが明らかになった。この事件は、世間の強い関心を呼び、ホムルカとの司法取引は「悪魔との取引」だと非難された。そして、法案は、ホムルカが、犯罪について表現を行って巨額の収益を得ることを恐れて、急遽議会に提出されたものであった[12]。

しかし、この法案は、当初提出されたものは庶民院では可決されたものの、総選挙のため一度は廃案となり、選挙の後再び提出されて庶民院で可決されたが、上院では否決され、結局法改正はならなかった[13]。したがって、連邦の刑法典には、犯罪を犯して逮捕、起訴ないし有罪判決を受けた人が犯罪について表現物を書くことを妨げる規定や、その収益を没収する規定はない。その意味では、カナダの連邦法には「サムの息子法」に相当する法律は存在しないことになる。

## 3 オンタリオ州の「サムの息子法」

**オンタリオ州の犯罪収益禁止法**

これに対し、州の中には、「サムの息子法」に相当する法律がある州が少なくない。その典型が、オンタリオ州である。オンタリオ州は、二〇〇二年に「犯罪について語ることから収益を上げることを禁止する法律」を制定している。[14] オンタリオ州は、すでにそれ以前に「犯罪収益に対する被害者の権利法」を制定していたが、同法はこれを改正したものである。同法は、犯罪について語ることに対する契約から得られる収益を、指定された犯罪の結果として損失を受けた人に渡して犯罪被害者の救済を図ることを目的としている(第一条)。ここでいう「犯罪について語ることに対する契約」とは、以下のような行為に対して、金銭その他の対価が支払われるような契約を指す(第二条)。

「(a)指定された犯罪で有罪とされた人もしくは指定された犯罪で有罪とされた人の代理人に支払われるもので、

(ⅰ)その有罪判決を受けた人の犯罪に関する記憶を使用することに対して支払われるもの(これには、その記憶を出版物、インタビューないし出演の際に使用することを含む。ただし、被害者の団体や刑務所に収監されている人に話すためにこの記憶を用いる場合を除く)、もしくは

(ⅱ)犯罪に関する書類その他の物であって、その有罪判決を受けた人が所持している、又はずっと所持されていたものを使用することに対して支払われるもの、又は、

(b)指定された犯罪の容疑で起訴された人又は指定された犯罪の容疑で起訴された人の代理人に支払われるもので、

(i)その起訴された人の犯罪に関する記憶を使用することに対して支払われるもの(これには、その記憶を出版物、インタビューないし出演の際に使用することを含む。ただし、被害者の団体や刑務所に収監されている人に話すためにこの記憶を用いる場合を除く)、又は

(ii)犯罪に関する書類その他の物であって、その起訴された人が所持している、又はずっと所持されていたものを使用することに対して支払われるもの」。

ただし、その契約が、本法が効力を有するようになる前に締結されたのか、その後に締結されたかを問わない(同)。

さらに、ここでいう指定された犯罪とは、以下のような作為又は不作為を言う(同)。

「(a)カナダの刑法典で正式起訴により処罰されうる犯罪であって、最高刑として五年以上の禁固刑より重い刑が科されていて、

(i)他の人に対する暴力の使用又はその未遂、

(ii)他の人の生命又は安全性に危害を及ぼしたか、又は及ぼしそうな行為又は他の人に重大な精神的な損害を加えたか、又は加えそうな行為、

(b)カナダの刑法典の第二七一条、第二七二条又は第二七三条[15]の犯罪又はその未遂、

(c)カナダの刑法典のもとで、規則により重大な財産犯罪として指定されている犯罪、又は

(d)カナダ以外の国において犯された犯罪であって、同様の作為又は不作為がカナダにおいて犯され

た場合であれば上の（a）、（b）又は（c）に該当する行為」。ただし、その行為が、本法が効力を発生する前に行われたか、その後に行われたのかを問わない（同）。

このようにこの州法の適用対象は、指定された犯罪に限定されてはいるが、それでも、有罪とされた人だけではなく容疑で起訴された人も含んでいる。しかも有罪とされた人は、裁判で有罪と判決された人だけではなく、心神喪失のために刑事責任を問われなかった人も含む（同）。

## 契約通知義務と法務総裁による訴訟

そしてこの法律は、本条が効力を発した後に締結された、犯罪について語ることに対する契約の各当事者には、その契約が締結されたのち一五日以内に以下の行為を行うことを義務付ける（第三条第一項）。

（a）法務総裁に、契約のすべての当事者の名前と住所を書面で告知すること、

（b）契約が書面によるものである場合には、法務総裁にその契約書の複写物を提出し、それが書面によるものではない場合には契約の内容を書面で告知すること。

また同じ義務は、本条発効前であっても、一九九五年五月一日以降締結された契約の当事者にも課されている（同第二項）。この第三条第一項及び第二項の義務に反した者には、五万カナダドル以下の罰金が科される（同第三項）。法人が当事者の場合、法人の責任が問われたかどうかにかかわらず、その行為に実質的に責任を負っている者は、同じ処罰に服する（同第四項）。

そして、法務総裁の提訴に基づき、上級裁判所は、正義の利益に明らかに反する場合を除いて、以下の命令を出さなければならない（第四条）。

「（a）裁判所が、その契約のもとで支払われる金銭又は対価が、指定された犯罪で有罪とされた人又は指定された犯罪で有罪とされた人の代理人に対し、犯罪について語ることに対するものとして支払われると判断した場合は、その金銭又はその他の対価を支払うべき人に対して、それをオンタリオ州政府に支払うよう義務付ける命令を発すること、及び

（b）第三項に定める例外を除いて、財産が、金銭又はその他の対価が指定された犯罪で有罪とされた人又は指定された犯罪で有罪とされた人の代理人に対し、犯罪について語ることに対する契約の収益だと判断した場合には、オンタリオ州内にあるその財産を没収することを命じる命令を発すること」。

ただし、その財産に対して正当な利益を有する第三者がいる場合には、その正当な利益が保護される（第四条第三項及び第四項）。そして、本条のもとの訴訟は、犯罪について語ることに対する契約のもとで最初の支払いが行われてから一五年が経過した時には提起できない（同第五項）。そして法務総裁による訴訟において、裁判所は、法務総裁が申し立てを行った場合には、仮の救済として、裁判所への供託や財産の保全などのための命令を出すこともできる（第五条）。

また、犯罪の容疑をかけられて起訴された人に対しても、法務総裁の申し立てに基づいて、上級裁判所は、犯罪について語ることに対する対価として金銭その他の対価が支払われるものと判断した場合には、金銭その他の対価を裁判所に供託するよう命じること、又はその収益である財産と判断された場合にその保全等を命じる命令やその他裁判所が正当と認める命令を出すことができる（第六条）。

### 被害者救済の仕組み

さらに、犯罪について語ることに対し、契約により、有罪とされた人、有罪とされた人の代理人、容疑で起訴された人に支払われるべき金銭その他の対価については、契約の当事者は相手方ではなく州に代わりに支払うことができ、それで契約上の義務を果たしたものとみなされ、その場合法務総裁が九〇日以内に訴訟を提起しなかった場合には、支払われた金銭等は支払うべき相手方に支払われる(第七条)。

第四条の命令にしたがって州に支払われた金銭又は没収された財産が換金されて得られた金銭は、州の別個の会計に計上され、回収に要した州の費用を除き、犯罪の被害者の補償、補助その他の目的のために支出される(ただし、財務大臣は、被害者の救済を優先することもできる)(第八条)。そして法務総裁には、被害者の救済のため被害者を特定し、住所を調べる権限が付与されている(第一一条)。したがって、オンタリオ州では、被害者又は被害者家族が裁判所に損害賠償訴訟を提起することは前提とされておらず、被害者又は被害者家族は直接法務総裁に収益からの支払いを求めることができるという仕組みになっていることがわかる。

## 4　統一カナダ法会議の提案

### 報酬の州への支払い義務

カナダ法の統一のための提言組織である統一カナダ法会議も、一九九七年にモデル法案である「犯罪者による暴力的犯罪の搾取防止法」の提言を行っている。[16] オンタリオ州法は、この提言に依拠しつつ、若干その内容を変更したものである。

それによれば、まず第三条第一項で、「何人も、暴力的な犯罪の記憶の対価としてその犯罪で有罪判決を受けた人又はその代理人に報酬を支払ってはならない」とされる。さらに、「第一項に反するであろう報酬を支払う義務を負っている人は、遅滞なく、その報酬を、それを受けるべき人にではなく〈州の機関〉に支払わなければならない」(同第二項)。そして、第四条第一項は「暴力的な犯罪で有罪判決を受けた人又はその代理人は、その犯罪の記憶の対価として報酬を受領してはならない」と定める。そして、「第一項に反することになる報酬を受け取る権利を有する人は、遅滞なく、その支払い義務を負う人に対しその報酬を〈州の機関〉に支払わせなければならない」(同第二項)。

ここでいう、「有罪判決を受けた」には、被告人が起訴された犯罪の基礎をなす作為又は不作為を被告人が行ったとの評決がありながら心身喪失のゆえに刑事責任を負わないとされた場合及び少年犯罪者法[17](Young Offenders Act)のもとでの有罪の認定があった場合を含む(第一条第一項)。それゆえ、ただ起訴されただけでは、この法律の適用はない。「暴力的な犯罪」とは、次の犯罪を指す。「(a)カナダ刑法典のもとで正式起訴されうる犯罪であって、犯罪者が五年以上の禁固刑に処せられるものであって、かつ次の要素を含むもの、

(i)他の人に対する暴力の行使又はその未遂、又は

(ii)他の人の生命又は安全性を脅かしたか、又は脅かしそうな行為、又は他の人に重大な精神的損

害を加えたか、又は加えそうであった行為、

(b)刑法典第二七一条(性的暴行)、第二七二条(武器、第三者への脅し又は身体的危害を伴う性的暴行)、第二七三条(加重性的暴行)の罪、

(c)カナダ以外の管轄地において、上記の犯罪に相当する犯罪」(同)。

したがって、この法律が適用されるのは、重大な犯罪だけである。そして、「暴力的な犯罪の記憶」は、「犯罪に関する状況の記憶、犯罪に関する思いや感情の表明及び犯罪の再現」を含む(同)。そして「被害者」は、「その危害が直接的か間接的か、又はそれが身体的、精神的もしくは経済的かを問わず、犯罪の結果危害を負った人」を指す(同)。その上で、有罪判決を受けた人の親族など、一定の人は、有罪判決を受けた人の代理人とみなされる(第五条)。

**被害者救済の仕組み**

そして報酬を受け取った州の機関は、暴力的犯罪の記憶に関して受け取った報酬を、その犯罪の被害者に分配する(第六条第一項)。分配の割合は、犯罪の結果被った危害の程度に比例する(同第二項)。州の機関は、最初に報酬を受け取ってから三年経過した段階で、その三年間に受け取ったすべての報酬を犯罪被害者に分配し(第七条第一項)、その後は規則で定める時期に分配する(同第二項)。もし受領した報酬を分配する段階で、被害者から何ら告知がなかった場合、州の機関は、報酬を州の一般歳入(あるいは法的扶助の基金ないし被害者救済基金)に支払う(第九条)。

報酬を受ける権利を元々有していた有罪判決を受けた人は、三〇日の間隔を空けて州の機関に通知

を送った後、裁判所に、受領した報酬の全部又は一部を、それを受け取るべきであった人に返還するよう命じることを申し立てることができる(第一〇条第一項)。裁判所は、犯罪を犯した人がその犯した犯罪を経済的に搾取すべきではないということ及び被害者が被った被害を弁償されるべきだということの社会的重要性にもかかわらず、報酬を保持することが表現の自由を侵害し、その侵害が正当化されないという意見を抱いた場合には、返還を命じる(同第三項)。この返還を命じるに際して、裁判所は次の要素を考慮しなければならない(同第四項)。

①犯罪の詳細、
②記憶の目的、
③どの程度犯罪被害者がその記憶によってさらに傷つくか、
④その記憶が社会にとって持つ価値。

その上で、記憶に対する報酬の支払い及び受領の禁止を担保するため、第三条の報酬支払い禁止及び第四条の報酬受領禁止規定違反の行為に対しては、刑罰を科し、五〇〇〇カナダドルか、支払う又は受領する報酬の金額のいずれをも超えない金額での罰金を科される(第一一条第一項及び第二項)。この罰金は、法律上の義務を免除するものではない(同第三項)。そして回収した罰金は、支払われた記憶に対する報酬として扱われる(同第四項)。

### オンタリオ州法との違い

オンタリオ州法とモデル法案との間には幾つかの細かい違いがある。オンタリオ州法では起訴されている人にも適用があるが、モデル法案では起訴されているだけでは適用はない。他方で、モデル法案では少年犯罪者法ないし少年刑事裁判法によって犯罪を犯したと認定された少年にも適用されるが、オンタリオ州法ではそのような適用は想定されていない。

しかし、オンタリオ州法とモデル法案との一番の大きな違いは、オンタリオ州の州法では、州の法務総裁が有罪判決を受けた人から収益を剝奪するためには裁判所に申し立てをしなければならないのに対し、モデル法案では、収益は自動的に剝奪され、収益を取り戻すためには、有罪判決を受けた人の方から裁判所に申し立てをしなければならないという点であろう。

アメリカの「サムの息子法」との対比でいえば、アメリカでは一般に犯罪被害者が裁判所に訴訟を提起し、損害賠償が確定すれば、エスクローされている収益から損害を回収できる制度になっているが、カナダの場合、オンタリオ州法でもモデル法案でも、犯罪被害者による損害賠償訴訟を前提とせず、州が収益を直接分配することが想定されている点が注目される。

さらに、モデル法案とオンタリオ州法及びアメリカの「サムの息子法」との大きな違いは、モデル法案が、犯罪を犯して有罪判決を受けた人に対し、その犯罪に関する表現行為を行って報酬を受け取ることを禁止している点である。つまり、犯罪を犯して有罪判決を受けた人は、その犯罪に関して表現行為を行うことはできるが、いかなる報酬も受領することが許されない。さらに、何人であれ、犯罪を犯して有罪判決を受けた人に対し、その犯罪に関する表現行為に対する報酬を支払うことも禁止されている。つまり、マス・メディアも、犯罪に関する表現行為を理由に有罪判決を受けた人に報酬を支払うことが禁止されているのである。この双方は、オンタリオ州法には含まれておらず、さらにアメリカの「サムの息子法」には含まれていない。

## 5　オンタリオ州以外の州の「サムの息子法」

いずれの州法も、モデル法案に強く影響されている。例えば、後で触れるサスカチュワン州の「犯罪で有名になったことによる収益に関する法律[19]」によれば、「犯罪について語る契約」は、本法発効前に締結されたか後に締結されたかを問わず、次のような契約を指す(第二条第一項(a))。「(i)指定された犯罪で有罪判決を受けた人又は起訴された人が、直接的又は間接的に、その指定された犯罪について語る又は語ることを約束するもので、かつ(ii)有罪判決を受けた人もしくは起訴された人又はその人の代理人に対価が支払われるか、その指示に基づいて支払われるもの」(第二条第一項(a))。

### 適用される人及び犯罪

オンタリオ州以外にも、アルバータ州、マニトバ州、ノバスコシア州、サスカチュワン州に同様の州法があった[18]。だが、それ以外の州では、ブリティッシュ・コロンビア州も含めて、そのような州法は存在しなかった。

そして、「有罪判決を受けた人」には、心神喪失を理由に刑事責任を負わないと判断された人及び連邦の少年刑事裁判法(Youth Criminal Justice Act)[20]にしたがって有罪と判断された人が含まれる(同第一項(b))。

収益の受領及び支払いの禁止と州への支払い義務

「指定された犯罪」とは、本法発効前か後に行われたのかを問わず、次のような作為又は不作為を意味する（第二条第一項（d））。

「（i）カナダ刑法典のもとで正式起訴されうる犯罪であって、最高刑が五年以上の禁固刑であり、かつ次のものを含む犯罪、

（A）他の人に対する暴力の行使もしくはその未遂、又は

（B）他の人の生命又は安全性を脅かすか脅かしそうである、又は他の人に重大な精神的損害を加えたか加えそうであった行為、

（ii）刑法典第一五一条、一五二条、一五三条、一六三・一条、一七二・一条[21]、二七一条、二七二条、又は第二七三条に定められた犯罪もしくはその未遂、

（iii）規則で定められている刑法典、法律又はカナダ議会法律上の犯罪、又は

（iv）カナダ以外の管轄地の法のもとで犯された犯罪であって、もしカナダ国内で犯された場合には、上記（i）、（ii）又は（iii）で定められた犯罪と等しいような作為もしくは不作為」。

「語ること」は、「指定された犯罪に関する状況を思い出し語り直すこと、指定された犯罪に関する思いや感情を表明すること、及び指定された犯罪の再現」を含む（同項（f））。一定の人は、有罪判決を受けた人の代理人とみなされ（第二条第二項）、配偶者や親族など一定の人は有罪判決を受けた人の代理人と推定される（同第三項）。

同法は、指定された犯罪で有罪判決を受けた人又は起訴された人がその犯罪の結果有名になったことを経済的に搾取することを阻止し、被害者に補償し、かつ被害者を支援することを目的としている(第三条)。同法は、次のような犯罪に関し、その犯罪について語る契約に適用される(第四条第一項)。

「(a)サスカチュワン州内で犯された場合、
(b)サスカチュワン州外で犯されていて、その契約のもとの対価が、
(i)サスカチュワン州の住民に対しもしくは住民によって、又は
(ii)サスカチュワン州内に位置する刑務所、矯正施設もしくは拘置所において禁固刑に服役している人に支払われた又は支払われるべき場合」(同第二項)。
ただし、本法は、次のような犯罪について語る行為には適用されない(同)。
「法執行の目的のもの、
犯罪防止の支援のためのもの、
被害者に対するサービスのプログラムを支援するためのもの」。
犯罪について語る契約の各当事者は、担当大臣に直ちに次の事項を提供しなければならない(第五条第一項)。
「(a)契約のすべての当事者の氏名及び住所、及び
(b)(i)契約が書面でなされている場合はその契約書の写し、又は
(ii)契約が書面でなされていない場合は契約のすべての条件の書面による要約」。
そして、「本法に定める例外を除いて、何人も、犯罪について語る契約のもとで対価を支払っては

ならない」（第六条第一項）。そのような契約のもとで対価の支払いの義務を有する者は、支払いの義務が生じた後直ちにその対価を担当大臣に支払わなければならない（同第二項）。さらに、「本法に定める例外を除いて、何人も、犯罪について語る契約のもとで対価を受領してはならない」（第七条第一項）。そのような契約の対価を受ける権利を有する人は、支払人に対し担当大臣に支払うよう指示しなければならない（同第二項）。

**契約通り支払いを求める訴訟**

犯罪について語る契約の当事者は、契約のもとで支払われる対価を契約通り支払うことを認める裁判所の命令を求めて申し立てることができる。裁判所は、「指定された犯罪で有罪判決を受けた人又は起訴された人が、犯罪の結果有名になったことを経済的に搾取することを許さない社会的重要性を考慮した後、社会への価値に照らして対価を契約通り支払うことが正当化されると納得することができた場合」にのみ、契約通りの支払いが許される（第九条第一項）。この社会への価値を決定するに際し、裁判所は、以下の事項を考慮しなければならない（同第二項）。

「(a)その語ることの目的

(b)犯罪の暴力的性格もしくは性的な性格を含む、犯罪の詳細、

(c)犯罪の被害者又はその家族が、その語ることによってさらに傷つくかどうか、どの程度傷つくか

(d)その語ることが、契約の結果として公衆の知るところとなったか、もしくはなっている場合、

(i)出版、放送、公衆への提示又はその他の配布の方法がその語りを広める程度、及び

（ⅱ）その語りもしくはその頒布が犯罪を搾取しもしくは扇情化するものかどうか」。

### 被害者救済の仕組み

担当大臣に支払われた対価は、財務大臣に移管され、財務大臣によって信託に付される（第一四条第一項）。対価が支払われるべきであった人の無罪が確定した場合などには、その対価は返還される（第一五条）。対価が支払われるべき人の有罪が確定した場合には、信託が解除されて、犯罪の被害者もしくはその家族に支払われるか、又は被害者基金に移管される（第一六条）。

本法の規定に反した場合、簡易起訴によって有罪と判断された時は、五万カナダドル及び本法に反して受領された又は支払われた対価の金額のいずれかのより高額のものを超えない罰金が科される（第二〇条第一項及び第二項）。この罰金の支払いは、対価を担当大臣に支払う義務を免除しない（同第三項）。

サスカチュワン州の「サムの息子法」は、後述するように、犯罪の結果価値が上がった殺人記念品をも対象としている点でモデル法案とは異なっている。またモデル法案では有罪判決を受けた人とその代理人だけが法律の適用対象となっているが、サスカチュワン州法では起訴されただけでも適用対象となっている点に違いがある。しかし同州の「サムの息子法」が、基本的にモデル法案に沿っていることが注目される。

## ブリティッシュ・コロンビア州の「サムの息子法」

ブリティッシュ・コロンビア州のクリスティ・クラーク首相は、ピクトンの本の出版のニュースを受けて、同州でも同趣旨の州法の制定が必要だと示唆し、実際直ちにサスカチュワン州法のような法律を制定した。[22]

ブリティッシュ・コロンビア州の「犯罪で有名になったことによる収益に関する法律」によれば、「指定された犯罪について語ることに対する契約」は、「指定された犯罪で起訴された人又は有罪とされた人に、指定された犯罪について語ること対して、直接的又は間接的に、対価を提供する、又は提供することを合意する」契約を指し、その対価は、指定された犯罪で起訴された人又は有罪とされた人もしくはその代理人に支払われるか、その指示のもとに支払われるかを問わない（第一条）。なお、指定された犯罪で有罪とされた人の配偶者、元配偶者又は親族は、反証がなされない限り、その代理人と推定されている。ただし、法執行のための契約は除かれる。ここでいう「有罪とされた」には、指定された犯罪で有罪を答弁し、又は指定された犯罪で有罪と判断されて、無条件的又は条件的猶予(discharge)[23]が与えられた場合、及び被告人が指定された犯罪に対して精神障害のゆえに刑事責任を有しないと認定された場合、カナダ少年刑事裁判法のもとで指定された犯罪で有罪とされた場合を含む（同）。「指定された犯罪」とは、以下のものを指す（同）。

(a) 刑法典のもとで正式起訴を受けうる犯罪で、次のものを含むもの、

(i) 他の人への暴力の行使、又は

(ii) 他の人の生命又は安全性を脅かす行為、

(b)カナダ薬物取締法のもとで正式起訴されうる犯罪で、最高刑として七年以上の禁錮が科されているもの、
(c)カナダの国外の国の法律のもとで犯された犯罪であって、もしその作為又は不作為がカナダ国内で行われた場合には(a)号及び(b)号に当たるもの、
(d)所定の犯罪。[24]

そして、「語ること」には、次のものが含まれる(同)。
(a)指定された犯罪に関する状況を思い出し、再び述べること、
(b)指定された犯罪に関する考えや感情を表現すること、
(c)指定された犯罪を再現すること。

その上で、同法は、指定された犯罪について語る契約が本法発効後に締結された場合には、契約の両当事者に契約締結後七日以内に、担当大臣に以下のものを告知することを義務付ける(同第四条)。
(a)契約の各当事者の氏名及び住所を明記した書面
(b)契約の写し又は契約が書面によらない場合は契約の内容及び条件の書面による要約。

発効前に締結された契約の場合には、発効後六〇日以内に告知することが求められている。そして、指定された犯罪について語ることに対して、裁判所の命令により許される場合を除いて、対価の支払いが禁止される(第五条第一項)。対価支払い義務を負うものは、代わりにその対価を財務大臣に支払わなければならない(同第二項)。同様に、何人も、指定された犯罪について語ることに対して、裁判所の命令により許される場合を除いて、対価の受け取りが禁止される(第六条第一項)。支払いを受け

取るはずの人は、その対価を財務大臣に支払うよう指示しなければならず（同第二項）、本法発効前に対価を受け取っていた場合には、本法発効後六〇日以内にその対価を財務大臣に渡さなければならない（同第三項）。もし対価が金銭的なものでなかった場合には、その対価の価値に等しい金額を財務大臣に提供することが義務付けられる（第八条）。ただし、当事者からの申し立てに基づき、一定の例外的な場合には、裁判所は、契約の通りに対価の全部又は一部を支払うことを認めることができる（同第九条）。

財務大臣は、回収される収益を受け取った時、信託基金を設立しなければならない（第一三条第一項）。そして財務大臣は、この基金から、担当大臣の求めに応じて、指定された犯罪の特定の被害者に対する特定金額の支払いなどを行い（同第四項）、担当大臣は、この支払いを求めることができる（第一六条）。もし残りがあった場合には、被害者加算金特別会計の方に支払われる（第一七条）。

収益を回収するため、担当大臣には強い権限が認められている。それによれば、財務大臣に支払われるべき収益が支払われていない場合、財務大臣は債務者と債務残高を証明する証書を発行し、それを裁判所に提出することができる（第一八条第一項及び第二項）。このようにして提出された証書は、政府の主張を支持した裁判所判決と同一の効果を持つ（同第五項）。何人であれ、本法に反する行為を行ったか、行いそうであると認められた場合には、担当大臣の申し立てにより、裁判所は、本法に違反しないよう差止め、本法に従うよう命令する、仮の又は恒久的な命令を出すことができる（第一九条第一項）。さらに、告知義務、対価の支払いの禁止、対価の支払いの受領の禁止違反は犯罪とされ（第二〇条第一項）、告知義務違反には五万カナダドルの罰金が科され（同第二項）、対価の支払い及び受領禁止違反には五万カナダドルと対価の金額を超えない金額の罰金が科される(同第三項)。罰金の支払いは、対価を財務大臣に支払わなければならないという義務を免除するものではない(同第五項)。法人がその犯罪を犯した場合には、その犯罪を許諾した、許可した又は黙認した従業員、役員らも処罰されうる(第二一条)。

## 6　カナダにおける「サムの息子法」の合憲性

### 「サムの息子法」は憲法に反しないか

カナダでは、このような「サムの息子法」の合憲性が争われたカナダ最高裁判所の判決は存在しない。したがって、カナダのいくつかの州にある「サムの息子法」の合憲性は、はっきりしない。

しかしサスカチュワン州では、モデル法案を踏襲し、オンタリオ州法と類似した同州の「サムの息子法」の合憲性を支持した判決が下されている。[26] そして、「サムの息子法」の合憲性を支持する声は、学説にも存在する。[27] このサスカチュワン州の事例は、一九八三年のジョアン・ウィルソン殺害事件に関して、元夫で、同州の閣僚であったコリン・サッチャーが逮捕され、有罪とされた事件に端を発する。サッチャーは、同州の首相であったロス・サッチャーの息子であり、この事件は多くの関心を呼び、幾つもの書物が執筆され、テレビでも取り上げられた。サッチャーは、終身刑を宣告されたが、のちに減刑され、二二年間服役したのち仮出獄が認められた。そして彼が、本を執筆出版したため、公衆から強い反発を受け、州は、二〇〇九年に「サムの息子法」を制定した。[28] そして、同法の適用に対して、サスカチュワン州の上級裁判所は、その合憲性を支持した上で、本件への同法の適用を認めたのであった。

カナダの州の「サムの息子法」の合憲性の問題は、大きく分けて二つある。一つは州の権限の問題である。つまり、これらの州法は連邦の権限を侵害しないのかという問題である。そしてもう一つは、表現の自由を不当に侵害しないのかどうかである。

**州の権限の問題**

まず州の権限の問題は、カナダでは刑法典を定めるのは、連邦議会の権限であって（カナダ一八六七年憲法法律第九一条）、州議会の権限ではない。それゆえ、州法が、実質的に刑法典の制定に等しい行為を行った場合には、州法は連邦の権限を侵害しているものと判断される。この点、犯罪で有罪とされた人から、犯罪に関する表現で得られる収益を没収することは、新たな刑を加えることになり、連邦議会の刑法典制定権を侵害するのではないのかとの疑問がありうる。[29]

このような疑問は、モデル法案のように、犯罪を犯して有罪判決を受けた人が犯罪に関して表現行為を行って、これに対し報酬を支払うこと及び報酬を受け取ることを禁止し、これに違反した場合に刑罰を科す場合には、一層強い。オンタリオ州には、この禁止規定がない。これに対しサスカチュワン州の法律はモデル法案に沿って、報酬の支払いと受領の禁止とそれに違反した場合の刑罰を定めていた。それにもかかわらず、サスカチュワン州の事例では、何人も自らの犯罪行為から利益を得るべきではないという考え方と被害者の救済という考え方に基づくものなので、それは刑法典の制定権ではなく、州の権限である、「財産と民事的権利」に関する事項だと言えるとして、州法は連邦議会の権限を侵害するものではないとされている。[30]

カナダではこれまでも、犯罪行為に関する民事没収に関する事例で、民事没収は刑罰権の行使ではなく、州の権限の行使であり、連邦議会の権限を侵害するものではないとされてきた。[31]これに照らせば、確かに州法は連邦議会の権限の侵害だとの主張は難しいかもしれない。

ただ、犯罪の収益の没収は、連邦の刑法典の中で定められている。犯罪を犯して有罪判決を受けた人が犯罪に関する表現行為から得る収益は、連邦法上でいう犯罪の収益には当たらず没収の対象とならないのに、州の「サムの息子法」によれば実質的に収益が剝奪される結果となる。これは実質的に刑法制定権の行使ではないのか、という疑問は残されているのではなかろうか。[32]

**表現の自由を制約するか**

次にカナダの権利章典である権利及び自由の憲章第二条(b)は、表現の自由を保障しており、カナダ最高裁判所は、この保護を受ける「表現」の定義について、暴力と暴力の脅しを例外として、すべての表現行為を含むと解してきた。[33]その定義は極めて包括的である。したがって、犯罪を犯した者がその犯罪について表現した時に、その表現行為は明らかに憲章で保護される「表現」に当たると思われる。[34]とすれば、「サムの息子法」は、明らかにこの表現の自由を制約していると判断される可能性がある。

ただ、「サムの息子法」は、犯罪を犯して有罪とされた人の犯罪に関する表現行為を何ら禁止するものではないし、犯罪を犯して有罪判決を受けた人が犯罪に関して書いた本を出版社が出版することを何ら禁じたものではない。したがって、サスカチュワン州の事例では、同州の「サムの息子法」は何ら表現の自由を侵害するものではないと判断されている。[35] これに対し、カナダ作家協会が、同州の「サムの息子法」制定の際に議会に提出した意見書では、「サムの息子法」は、表現行為による収益を剝奪することによって表現者から表現行為を行う意欲を奪い、結果的にそのような法律がなければ表現されたかもしれない表現が市場に出ない可能性を生じさせ、その表現に接して公共の利害に関する事項について議論する機会を公衆から奪うことになり、明らかに表現の自由を侵害すると主張していた。[36] 確かに、理想的な世界では、誰もが報酬にかかわらずに表現する世界が望ましいかもしれないが、現実の世界では報酬は表現を行う重要な動機になっているので、収益を剝奪することは、表現行為を行う重要な動機を奪い、表現行為を抑止する効果を持つことは否定できないのではないかという声が有力である。[37]

さらに、アメリカの場合と同様、「サムの息子法」の目的は、犯罪を犯して有罪判決を受けた人がその犯罪に関して表現行為を行った時に、その収益を剝奪することを目的としており、表現を抑止することを目的としていないので、表現の自由が抑止されるとしても、それは間接的な効果に過ぎないという主張が考えられる。しかしカナダ最高裁判所は、表現の自由の直接的な制約だけではなく間接的な制約をも、表現の自由の侵害にあたりうると判断している。[38] それゆえ、表現行為に対する収益を剝奪することによって間接的とはいえ表現の自由に影響が及ぶ以上、少なくとも表現の自由の制約が認められる可能性は高いのではなかろうか。[39]

## 表現の自由の制約は正当化されるか――判断の枠組み

ただ、カナダの権利及び自由の憲章第一条は、「カナダの権利及び自由の憲章がそのなかで保障する権利及び自由は、法によって定められた、自由で民主的な社会において正当化されるものと証明されうるような合理的な制約にのみ服する」と定め、憲章上保障された権利及び自由の制約の可能性を明示的に認めている。ただし、制約は、第一条の規定のもとで正当化されなければならない。カナダ最高裁判所の Oakes 判決は、この正当化の要件を明示している。[40] それによれば、まず憲章上保障されている権利及び自由の制約は、法によって定められていなければならない。制約は、議会の制定した法律かコモンローによって授権されていなければならず、しかもその制約は明確でなければならない。あまりにも制約が曖昧で、どのような行為が制約されるのかわからないような場合には、制約は法によって定められたとは言えない。次に、権利及び自由の制約は実体的に「自由で民主的な社会において正当化されるものと証明されうるような合理的な制約」でなければならない。そのためには、まず制約は「圧倒的で実質的な」目的に仕えていなければならない。次に、とられた手段が、その目的との間に比例性を持っていなければならない。具体的には、手段が比例性を持っていると言えるためには、手段と目的との間に合理的関連性があり、とられた手段が必要最小限度の制約であって、最終的に確保される利益と失われる利益の間で均衡がとられていることが必要である。

この判断枠組みは、ドイツでとられている三段階審査理論[41]に近く、第一段階で「表現」が保護されるかどうかを問題とし、第二段階でその表現の自由の「侵害」があったかどうかを問題として、第三段階でその侵害が正当化されるかどうかを審査する。そして正当化されるかどうかは、「比例原則」によって判断される。それゆえカナダでも、この手段審査は一般に「比例原則」だと理解されている。後述するように両者の間に若干違いはあるものの、カナダの最高裁判所の判断枠組みは、「サムの息子法」の合憲性が争われた時にドイツ型の三段階審査理論で判断された場合の行方について、重要な示唆を与えてくれるものと言える。

しかもカナダ最高裁判所は、この判断に際し、文脈的考慮の必要性を強調している。つまり、それぞれの事例の文脈に応じて、この正当化の審査が厳しくもあれば、また緩やかでもありうるというのである。カナダ最高裁判所は、どのような場合に正当化審査が厳しく審査され、どのような場合に緩やかに審査されるのか明確な基準を示していない。ただ過去の事例に照らして言うと、立法者が社会の中の弱い立場にある人、例えば未成年者であるとか人種的・民族的・宗教的少数者を保護しようとしている時には、裁判所は緩やかに審査すべきだとされている。またカナダ最高裁判所は、問題となっている権利ないし自由の重要性にも着目しており、例えば問題となっている表現行為が低い価値しか持っていない場合には、緩やかな審査を行っている。正当化の審査基準それ自体は一つで、アメリカのように審査基準の使い分けはしないが、その代わりその一つの基準が文脈によって、厳しく適用されることもあるし緩やかに適用されることもあるという形になる。

では、この確立した表現の自由の制約法理の枠組みの中で、「サムの息子法」はどのように判断されるであろうか。オンタリオ州の州法及びモデル法案を例にとって、考えてみよう。

### 文脈的考慮

まず、正当化審査は、裁判所によってどのように審査されるであろうか。文脈的要素の考慮が重要な意味を持つ。

「サムの息子法」は、犯罪を犯して有罪判決を受けた人は犯罪の結果として利益を得るべきではないという原則を確保する目的と、被害者に対する救済を確保するという目的で制定されている。果たして、これが社会の中の弱い立場の人を保護するという趣旨だと言えるかどうかは定かではない。前者の利益は、おそらく社会の中の弱い立場の人を保護するものとは言えまい。後者は、被害者救済を確保するという利益であり、犯罪被害者はおそらく社会の中の弱い立場の人と言えるかもしれないが、「サムの息子法」は、被害者保護のためのものというよりは、被害者に対する救済を確保するという目的である。それゆえ、正当化審査が緩やかに適用される典型的な事例とは異なっているように思われる。

これに対し問題となる表現行為の重要性については、カナダ最高裁判所としては、犯罪を犯して有罪判決を受けた人がその犯した犯罪に関して行う表現行為には、表現の価値はかなり低いと判断する可能性もある。そうすれば、正当化審査を緩やかに適用する可能性があろう。ただ、犯罪を犯して有罪判決を受けた人がその犯した犯罪に関して行う表現が、すべて低い価値しか持っていないのかどうかは定かではない。アメリカの事例でも指摘したように、犯罪を犯して有罪判決を受けた人がその犯した犯罪に関して行う表現行為にも、その犯罪について簡略に触れているものもあれば、深く踏み込んで触れているものもある。被害者を傷つけるために行う表現もあれば、被害者を傷つける意図はないが無罪を主張するために結果的に被害者を傷つけてしまうものもあれば、贖罪のために行う表現もある。過去に犯した犯罪が、実は本来は正当な抗議活動の一環であったような事例もある。それでも、マーティン・ルーサー・キング牧師の書籍など、本当に低い価値しか有していないといえるであろうか。

しかも、犯罪を犯して有罪判決を受けた人がその犯した犯罪について行う表現にも、何故その人はその犯罪を犯したのか、それを防ぐことはできなかったのか、警察の対応は適切だったのかどうかなどを理解する上で重要な情報を含んでいることもありうる。その意味でも、犯罪を犯して有罪判決を受けた人がその犯罪に関して行う表現行為には、一概に低い価値しかないと判断することはできないのではなかろうか。

そうであれば、カナダ最高裁判所が、正当化審査を緩やかに適用するのではなく、きちんと正当化されるかどうかを判断する可能性も少なくないと思われる。

**法律による授権**

まず、形式的な要件である法律による授権の要件と、明確性の要件は、おそらくそれほど問題とはならないであろう。

まずこれらの「サムの息子法」は、刑罰規定として州議会によって法律として制定されているので、法律による授権という点での問題はない、明確性についても、個々の要件について明確性にはやや疑問もあるが、法律全体として、理解不能なほど不明確とまではいい難いであろう。カナダ最高裁判所は、最近では、法律の明確性の問題は、この法律による授権の有無の問題としてではなく、後述する手段の問題として検討する傾向を見せており、法律の規定があまりにも不明確であって、法律の授権があったとは言えないというような事例はほとんどなくなっている。その意味でも、このような形式的な要件である法律上の授権の要件ではねられる可能性は少ないと思われる。

**立法目的**

次に実質的な要件であるが、まず表現の自由の制約には「圧倒的で実質的な」目的があることが必要である。アメリカでは、表現内容に基づく制約の場合はやむにやまれないほど重要な利益であることが求められるが、カナダでは表現内容に基づく制約と表現内容中立的制約との間に区別はなく、ともに「圧倒的で実質的な」目的の存在が要求されている。ただ、過去の事例から見ると、カナダ最高裁判所は、法律の目的がかなり重要な利益であることを求めているようであり、その意味ではアメリカとそれほど変わらないとも言える。

サスカチュワン州の事例では、同州の「サムの息子法」はサッチャーの本の出版からの収益を剝奪するために制定されたこと、それが犯罪を犯した者は犯罪から利益を受けるべきではないというコモンローの原則及び公的政策に根ざしたものであることを指摘し、たとえ同法が表現の自由を侵害するとしても、その目的は圧倒的で実質的であり、Oakes 判決の立法目的の基準を満たしているとされている。[42] カナダでも、犯罪を犯した人は犯罪から利益を得るべきではないという考え方は深く根ざしており、さらに被害者救済という目的を加えれば、カナダでも圧倒的で実質的な目的は存在すると判断される可能性が高いと言えよう。

ただし、犯罪を犯した人は犯罪から利益を得るべきではないという考え方と被害者救済という二つの考え方がともに作動するのは、有罪判決を受けた人が犯罪に関して行った表現行為で得られる収益を剝奪しておいて、それをもっぱら被害者の救済に充て、残された収益は有罪判決を受けた人に返還するようなタイプの「サムの息子法」に限られるであろう。[43] 連邦の改正法案では、収益を没収することはできるが、犯罪被害者の救済のことは想定されてはいない。このことを考慮すると、果たして連邦の改正法で、憲章第一条にいう正当化が可能だったのかどうか疑念がありうるかもしれない。オンタリオ州法でもモデル法案でも、被害者への賠償に分配された後、残った収益は有罪判決を受けた人に返還されることは想定されていない。したがって、被害者救済という目的がなくなった後の収益の剝奪は、犯罪者は犯罪から利益を得るべきではないという考え方によってしか正当化されない。果たして、犯罪の手段とか犯罪の結果得られた金銭やそれを使って得られた利益などと異なり、有罪判決を受けた人が犯罪に関して表現活動を行って得た収益までもが、この同じ原則によって剝奪しうるのかどうかが問題となるかもしれない。

### 手段の合理的関連性

次に問題となるのは、手段の合理的関連性である。とられた手段が、達成しようとしている目的と合理的関連性を欠いているとき、制約は正当化されない。この点、サスカチュワン州の事例では、犯罪を犯して有罪とされた人から犯罪に関する表現から得られる収益を剝奪し、それを被害者の救済に充てるという目的に照らし、同州の「サムの息子法」は、合理的関連性を有していると簡単に認められている。[44] しかし、犯罪を犯して有罪とされた人が犯罪に関して利益を得るべきではなく、その利益は被害者の救済に充てられるべきだとしても、犯罪を犯した人が犯罪を犯して直接得られる利益と、犯罪の結果、犯罪に関して表現行為を行って得られる収益との間には大きな違いがある。[45] 果たして、犯罪について語って得られる収益までも、同じように扱うべきかどうか疑念の余地がないわけではない。

しかも、犯罪を犯した人が犯罪によって利益を得るべきではないという考え方であれ、被害者救済を図るという考え方であれ、確保されるべき利益が犯罪について語るという表現行為に由来するものに限定されるべき理由はない。犯罪を犯して有罪とされた人が犯罪に関して得るすべての収益を剝奪して被害者の救済に充てることこそが、むしろ立法目的に適合していることから考えると、犯罪について語ることによる収益だけに限定して収益を剝奪しようとするオンタリオ州法及びモデル法案やサスカチュワン州法のとる手段に、果たして合理的関連性があるかどうかは疑わしいのではなかろうか。[46]

**必要最小限度の手段**

次は、手段が最小限度であるかどうかである。オンタリオ州法によれば、契約当事者は、州当局に契約の存在を告知する義務を負わされ、州の法務総裁は、その契約に基づいて支払われるべき報酬を州に支払うよう求める訴訟を提起することができる。したがって有罪判決を受けた人は、その犯罪に関する表現行為に対して受け取ることができるはずの収益を剝奪されることになる。しかも、この不利益は、裁判の結果有罪判決を受けた人だけではなく、心神喪失を理由に刑事責任を問われなかった人も含まれる。さらに起訴された人に対しても、州の法務総裁は裁判所に供託を求めて申し立てをすることができる。モデル法案では、収益剝奪の対象は有罪判決を受けた人に限定されているが、自動的に収益は州の機関に支払われなければならない。つまり州の法務総裁からの訴訟が前提とされていない。

サスカチュワン州の事例では、裁判所は、同州のサムの息子法が表現行為を何ら禁止するものではなく単に収益を剝奪するものであるに過ぎないこと、公共の利益に適合する場合には収益の一部を受け取る余地も認めていること、さらに刑事司法の執行、犯罪の予防又は被害者に向けたプログラムの一環としてであれば剝奪の例外が認められていることに照らし、手段は合理的に限定されていると判断している。[47] この判断のもとには、手段が最小限度の制約であるためには、より制約的でない他の代替手段が存在しないことまでは必要ではなく、手段が目的達成のための合理的手段のひとつであれば足りるというカナダ最高裁判所の判断[48]がある。

しかし、この判決では、例えば「サムの息子法」の適用対象となる犯罪が十分限定されているのかどうかについては、何ら判断されてはいない。さらに、有罪とされた人の中に心神喪失を理由に刑事責任を負わないと判断された人も含まれていたり、起訴されている人にも適用されることも、何ら問題とされてはいない。具体的に問題とされた事例では、実際に第一級殺人事件で有罪判決を受けて服役した人であるが、明らかに州法の適用対象はもっと広い。このあまりにも過度に広汎な適用対象に目をつぶって、法律を必要最小限度の制約と結論したのが果たして妥当だったのかどうかは疑問であろう。

さらにアメリカとの対比で言えば、法律の適用対象となる犯罪が正式起訴で起訴されうる犯罪に限定されている点は、アメリカの重罪と同様に一定の重大な犯罪に限定する試みと見ることができる。しかし、犯罪について語るという行為が犯罪にどの程度深く触れていなければならないのかは定かではない。犯罪に少し言及しただけでは、おそらく犯罪について語ったことにならないだろうと思われるが、果たしてこの点での限定が十分なのかどうかについても、裁判所は判断を加えていない。また、犯罪について語ることが被害者を傷つけようとして行われているのか、それとも贖罪のために行われているのか、語ることの目的ないし趣旨のいかんは問題とされていない。果たして、搾取的とは言えないような表現行為であっても、その収益を剝奪する必要があったのかどうかには疑問もありえよう。

しかも、「サムの息子法」は、本質的に、犯罪被害者が損害賠償訴訟を提起し、勝訴した場合に損害賠償を支払う財源を確保する手段である。しかし、そうであれば、契約と収益の存在を告知させておいて、州の当局はそれを犯罪被害者に告知し、犯罪被害者がその収益に対して民事の損害賠償訴訟を提起することを促すことで目的は達成されるかもしれない。[49] もし、有罪判決を受けた人が、収益を浪費するおそれがあるなど、収益保全の必要があるのであれば、通常の民事訴訟の仮の救済を被害者が裁判所に求めれば足りる。ところがオンタリオ州の州法は、被害者に損害賠償訴訟の提起を促すのではなく、州の法務総裁が収益を剝奪するために裁判所に申し立てをすることができるとしている。果たして州の法務総裁に、有罪判決を受けた人に受け取るべき収益を州の機関に支払うよう求める訴訟の提起を認めることが本当に必要なのか、それが最小限度の手段なのかどうかには疑問の余地がありえよう。また、モデル法案及びそれに従ったサスカチュワン州の州法のような場合には、さらに犯罪被害者の損害賠償訴訟も、州の法務総裁による申し立てもなく、収益は自動的に州の機関に支払われなければならない。しかも、犯罪を犯して有罪とされた人に対する報酬の支払いは禁止され、報酬の受領も禁止され、その違反には刑罰が科されている。これで最小限度の手段といえるかどうかはさらに疑わしいのではなかろうか。

### 利益の均衡

そして最後は利益の均衡である。確かに犯罪者が犯罪で利益を上げないように確保するという利益と被害者救済の利益は極めて重要な利益である。しかし、すでに見たように、カナダの「サムの息子法」は、有罪判決を受けた人が犯罪に関して表現行為を行った場合に、その収益をとりあえず全て剝奪する仕組みをとっている。しかし、有罪判決を受けた人がその犯した犯罪について表現するにしても、その踏み込みの度合いは様々であるし、その動機も様々である。被害者やその家族をさらに傷つけようとして行ったわけではなく、なぜそのような犯罪に至ったのか、それを防ぐことがなぜできなかったのか、読者に大切な情報を提供することを目的としていることもあるし、有罪判決を受けた人の動機にかかわらず、これらの表現行為が大切な情報を公衆に提供することもありうる。アメリカの判例の動向に照らし合わせても、果たして、一括して収益を剝奪することまでが正当化されるのかどうかは疑問かもしれない。

しかも、カナダの「サムの息子法」の多くは、サスカチュワン州法に見られるように、収益を一旦剝奪しておいて、出版契約通りの報酬の支払いを求めるものは、裁判所に訴訟を起こさなければならず、しかも極めて重い立証責任を果たさなければならない。犯罪を犯した者が犯罪を理由にして利益を得るべきではないという強い公的政策にもかかわらず、表現の自由の利益の方が上回ると証明できたときにのみ、契約通りの報酬の支払いが認められる。本来、表現の自由を制限するためには、政府の側がその制限を正当化する責任を果たさなければならないのに、その立証責任が転換されていることになる。これも、果たして均衡を欠いていないかどうか疑問とされよう。

さらに、カナダの「サムの息子法」は、サスカチュワン州法のように、モデル州法を踏襲して、犯罪を犯して有罪判決を受けた人に対して、犯罪に関して表現行為を行って報酬を支払うこと及び報酬を受領することを禁止し、その違反行為に刑罰を加えている。被害者救済及び犯罪を犯して有罪判決を受けたものが犯罪を理由にして利益を受け取るべきではないという公的政策の確保が重要な利益だったとしても、果たして報酬の受領に刑罰まで科す必要性があるのかどうか疑問の余地もあるが、さらには報酬の支払いについてまで刑罰を科すことが正当化されるかどうかかなり疑問である。これも果たして均衡を欠いていないかどうか疑問とされる余地がありえよう。

### はっきりしないカナダの「サムの息子法」の合憲性

このように見ると、サスカチュワン州の事例では、たとえ同州の「サムの息子法」が表現の自由の侵害にあたるとしても憲章第一条のもとで侵害は正当化されると結論されてはいるが[50]、同州のものにも、オンタリオ州のものにも、モデル法案にもなお問題が残されていることがわかる。新たに制定されたブリティッシュ・コロンビア州の州法にも、当然同様の問題が指摘されざるをえまい。はたしてこれらが合憲とされるのかどうかは、はっきりしないといわざるをえない。

# 第四章　日本における「サムの息子法」の可能性

## １　現在どのような措置が可能か

### 出版を禁止する法律も収益を没収する法律も存在しない

では、日本でも「サムの息子法」を制定できるであろうか。もし可能だとした場合、どのような法律が制定可能であろうか。この問題に答える前に、まず現在の法制度のもとで、犯罪を犯して有罪判決を受けた人が、その犯罪に関する表現行為を行うことに対してどのように対処できるのかを見てみよう。

現在日本では、犯罪を犯して有罪判決を受けた人が、その犯罪に関して表現することを禁止した刑罰規定は存在しない。

さらに、日本でも、刑法に没収制度があり、①犯罪行為を組成した物（組成物件）、②犯罪行為の用に供し、又は供しようとした物（供用物件）、③犯罪行為によって生じたもの（生成物件）、犯罪行為によって得た物（取得物件）及び犯罪行為の報酬として得た物（報酬物件）、及び④犯罪行為によって生じ、もしくはこれによって得た物又は犯罪行為の報酬として得た物の対価として得た物（対価物件）は没収の対象となるが（刑法第一九条第一項）、この没収は有体物にしか適用されない。また、組織的な犯罪に関しては、金銭債権を含む犯罪収益を没収する制度は存在するが（組織的な犯罪の処罰及び犯罪収益の規制等に関する法律第一三条）、この制度の適用対象は、組織犯罪に限定されており、殺人罪や殺人未遂、傷害罪などの個人に対する身体的被害を伴う犯罪を個人が犯した場合には適用されない。しかも、犯罪収益は、「財産上の不正な利益を得る目的で犯した別表に掲げる罪の犯罪行為……により生じ、若しくは当該犯罪行為により得た財産又は当該犯罪行為の報酬として得た財産」、「次に掲げる罪の犯罪行為……により提供された資金」などを指し（第二条第二項第一号）、さらに「犯罪収益に由来する財産」とは、「犯罪収益の果実として得た財産、犯罪収益の対価として得た財産、これらの財産の対価として得た財産その他犯罪収益の保有又は処分に基づき得た財産をいう」（同第三項）。したがって、殺人などの犯罪を犯して有罪判決を受けた人がその犯罪に関して表現行為を行って得た収益は、このいずれにも当たらないものと思われる。

その上、この没収制度は、あくまで没収、つまり犯罪に関係のある物の所有権を国に移し、国庫に帰属させることを認める制度であり、しかも日本では没収は付加刑であり、刑罰の一つである（刑法第九条）。したがって、没収された物及び収益は国庫に属し、犯罪被害者の救済に充てられるわけではない[1]。そして、これ以外には、犯罪を犯して有罪判決を受けた人が、その犯罪行為に関して行う表現行為から得られる収益を剝奪しうるような制度は存在しない。

**被害者は民事訴訟で収益を回収できるか――犯罪を理由とする不法行為**

犯罪の被害者又はその遺族は、加害者に対する損害賠償訴訟で、この表現行為による収益をも回収できるであろうか。加害者によって殺害された被害者の相続人は、被害者が殺害された時点で発生する加害者に対する損害賠償請求権を相続し、加害者に対して被害者に代わって損害賠償を求めることができる(民法第七〇九条)。また被害者の遺族は、大切な家族の一員が殺害されたことに対する精神的苦痛に対しても、固有の損害として、損害賠償を求めることができる(同第七一一条)。しかし、殺人を犯して有罪判決を受けた人に対して、その犯罪に関して表現して得られる収益を、個別に、殺人行為の損害として請求はできないであろう。

もちろん、加害者に対する損害賠償訴訟に勝訴し、加害者に損害賠償義務が確定していれば、その後犯罪に関して表現行為を行って得た収益をもその損害賠償に充てることを求めることは可能であろう。ただし、確定判決による損害賠償債権の消滅時効は一〇年であるので(同第一五二条、一六九条第一項)、一〇年以内に強制執行しなければ、確定判決で確定した損害賠償債権も回収することはできない。したがって、一〇年を経過したのちに、表現行為によって収益があったような場合は、殺害に対する損害賠償訴訟の確定判決の債権の回収は難しいであろう。後述するように、現在では犯罪被害者のために、損害賠償命令制度が導入されているが、この点には変わりはない。

また一定の犯罪の犯罪被害者及びその遺族には、国から、犯罪被害者等給付金が支給される(犯罪被害者等給付金の支給等による犯罪被害者等の支援に関する法律第三条)。そして、国は、犯罪被害者等給付金を支給したときは、その額の限度において、当該犯罪被害者等給付金の支給を受けた者が有する損害賠償請求権を取得する（第八条第二項）。したがって、このような犯罪被害者等給付金を支給した限りで、国は犯罪被害者の損害賠償請求権を取得するが、これは犯罪被害者の損害賠償請求権であり、国によって取得されても、その効果については、変わりないと思われる。やはり、時効が成立する前に不法行為訴訟を提起し、さらに判決で確定した損害賠償債権も一〇年以内に執行できない限り、有罪判決を受けた人がその犯罪に関して行った表現行為によって得る収益をそれで回収することは困難であろう。

もちろん、損害賠償が判決で確定していれば、一〇年の時効が経過する前に、時効の中断を求めて、さらに判決の効力を延期することは可能である。その延期された時効が再び成立する前に、さらに時効の中断を求めることは可能ではないかと思われる。不法行為には、二〇年の除斥期間も定められている（民法第七二四条第二項）。したがって、不法行為の時から二〇年が経過すると、不法行為請求はできなくなる。だが、一旦判決で確定していれば、おそらく裁判所は、除斥期間の規定にもかかわらず、不法行為による損害賠償請求権の効力を認めるのではないかと推測される。とすれば、一旦確定判決さえ得ておけば、実際上は、確定判決の債権の時効にもかかわらず、半永久的にこの債権の効力を維持することも可能かもしれない。

ただ、被害者家族としては、不法行為請求の短期時効期間である、損害及び加害者を知ってから三年内に訴訟を提起しなければならないし（同第一項）、確定判決があっても、時効の中断の申し立てをしなければならない（つまり再度訴訟を提起しなければならない）。そうしないと、犯罪行為に対する損害賠償請求では、有罪判決を受けた人が出所の後何年も経ってから犯罪について表現行為を行って収益を上げたような場合には、その収益を回収することはできないことになる。これは犯罪被害者及びその遺族にとっては、著しい負担かもしれない。また、後述するように、現行法では、犯罪被害者及びその家族の損害賠償を、他の債権者に対して優先して確保する仕組みが存在しない。そのため有罪判決を受けた加害者に他の債権者がいる場合、被害者の損害賠償が十分に確保されない可能性がある。その意味では、このような事態を避けるために、何らかの措置の導入を検討する必要性は認められるかもしれない。

**名誉毀損又はプライバシー侵害**

では、このような表現行為に対して犯罪被害者又はその家族は、別個の民事訴訟を提起できるであろうか。

従来、名誉毀損やプライバシー侵害に対しては、不法行為として損害賠償訴訟の提起、さらには差止訴訟の提起が認められてきた。しかし、犯罪を犯して有罪判決を受けた人が、その犯罪に関して行う表現行為が、名誉毀損として責任を問われる可能性は低いと思われる。まずそもそも表現行為が被害者の社会的評価を低下させうるものかどうか定かではない。たとえ名誉毀損といえたとしても、犯罪は公共の利害に関する事項であり、有罪判決を受けた人が一般公衆に知ってもらいたいと考えて表現していれば、公益目的が認められると思われるし、表現されていることが真実であるか真実と信じる相当な根拠がある限り、違法性ないし過失が否定されて、不法行為責任は負わない[2]。

おそらく犯罪被害者家族にとっては、例えば犯罪を犯して有罪判決を受けた人が、罪を悔いることなく、事実を否定し無罪を主張していたような場合には、その主張は虚偽であり、被害者の名誉を傷つけると感じるかもしれない。しかし、有罪判決が確定しても、有罪判決を受けた人が無実を主張することを止めることはできまい。実際、有罪判決が確定してからも、再審で有罪判決が覆され、無罪となる事例があることからも、そのような無実の主張を名誉毀損として否定してしまうことはできないのではなかろうか。

さらに、犯罪に関する事実がプライバシーと言えるかどうか定かではないし、公共の利害が存在することから見て、公表を違法と言えるかどうかも定かではない[3]。もちろん、中には、犯人しか知りえない事実もあろう。それが、被害者のプライバシーに関する事実であり、通常公開されたくないと思うような情報である場合、そのような事実の公表はプライバシーの権利の侵害となりうるかもしれない。ただし、その公表が違法だと言えるためには、その事実に公共の利害が存在しないような場合に限られるので、犯罪の事実と関連のないような情報の場合に限定されるであろう。著名な犯罪や社会的に大きな影響力を持った犯罪の場合には、ほとんどの事実は、すでに公判を通して裁判所に提出されており、さらにマス・メディアなどを通じて広く報道されているであろうことを考えると、これによってプライバシー侵害を理由として損害賠償請求ないし差止請求を求めうるような事例は極めて稀であろう。

さらに、殺人事件の場合、被害者はすでに亡くなっている。したがって、亡くなった被害者自身が名誉毀損ないしプライバシーの侵害を理由にして、訴訟を提起することはできない。死者に対する名誉毀損が、残された家族に対する名誉毀損ないし家族の亡くなった被害者に対する追愛敬慕の情の侵害となることを理由にして損害賠償を求める可能性はある。[4] ただし、犯罪に関して表現するだけで、不法行為になるかどうかはなお定かではない。犯罪に関する表現によって、被害者及びその家族は再び深く傷つくかもしれないが、それを不法行為として損害賠償請求が可能かどうかは定かではないといえよう。この点は、アメリカでもカナダでもそのような民事訴訟が提起されてはいないことから見て頷ける点である。

実際、犯罪に関する表現は、犯罪を犯して有罪判決を受けた人以外の人によって執筆され、公表されるものも多い。とりわけ事件が世間の高い関心を呼ぶようなものである場合、マス・メディアも詳細に事件について報道するし、ジャーナリストが丹念に事件を調べ、公判を傍聴するなどして、事件について書籍を執筆することも少なくない。これらの犯罪に関する報道を、名誉毀損ないしプライバシーの侵害としてしまうと、事件についての報道や表現が著しく困難になる。そのような報道ないし表現の中で、有罪判決を受けた人によるものだけを狙い撃ちにして、特に違法ということは難しいと言える。

確かに、とりわけ殺人事件の被害者の家族などの場合、大切な家族の一員を殺害されただけではなく、マス・メディアによって大きく取り上げられ、さらに事件に続く刑事裁判の過程で事件が再現され、マス・メディアによってさらに報道がなされることで、深く傷ついているものと思われる。さらにそれに加えて、事件から、あるいは有罪判決が確定してから何年も経ってから、有罪判決を受けた人が犯罪について表現行為を行い、事件のことを蒸し返されるのは、さらなる精神的苦痛だろうと思う。

しかし、犯罪は公共の利害に関する事柄である。一般公衆にも、なぜ犯罪が起きてしまったのか、なぜそれが防げなかったのか、警察の対応は適切だったのか、刑事裁判制度はきちんと機能しているのか、こういった事柄について知り、議論する権利がある。そのためには、犯罪に関する報道や表現は不可欠である。誤った事実を表現して名誉を傷つけたり、事件と関係のないプライベートなことを報道したりすることは許されないとしても、事件や犯罪について十分な報道・表現の自由が確保されなければならない。被害者及びその家族にとっては辛いことではあるが、公共の利益のためにはやむをえないものと考えざるをえない。

### 精神的苦痛

同じことは、犯罪を犯して有罪判決を受けた人が、その犯した犯罪に関して行う表現行為に対しては、被害者遺族は精神的苦痛を理由にして、損害賠償請求が可能だという主張に対しても妥当する。日本では、不法行為の訴訟原因は、コモンローのように個別化されていないから、どのような訴訟原因であっても不法行為となって損害賠償請求は可能である。したがって、従来から名誉毀損やプライバシー侵害とならないような場合にも、一種の精神的苦痛を理由に表現行為に対して損害賠償訴訟を提起することが少なくなかった。被害者が死亡したときに、被害者に対する虚偽の事実を公表したような場合、亡くなった被害者に対する家族の敬愛追慕の情の侵害として損害賠償を求める訴訟や、表現があまりにも侮辱的であるとして、被った精神的苦痛に対する損害賠償を求める訴訟が提起されて、実際に損害賠償が認められている。[5]

ただ、このような家族の亡くなった被害者に対する敬愛追慕の情の侵害を理由とする損害賠償訴訟は、ある表現が亡くなった人の名誉を毀損するなど被害者を傷つけたことを理由とするし、侮辱的な表現の場合も表現内容が侮辱的であることを理由とする。これに対し、犯罪を犯して有罪判決を受けた人が犯罪に関して表現したとき、実際には、どのような表現がなされたのかが問題となっているのではなく、それを犯罪加害者が書いたことが問題とされている。つまり被害者家族は、加害者が表現したことで傷ついているのである。それと同じことを他の人が表現したとしても、おそらくはその表現を不法行為として損害賠償請求をすることは難しいであろう。とすると、その同じ表現を、犯罪加害者が執筆した場合に限って、それが加害者が行った表現であるというそれだけの理由で不法行為と考えざるを得ない。しかし、これは難しいのではなかろうか。

しかも、犯罪を犯して有罪判決を受けた人がその犯罪について表現することが、どのような意味で犯罪被害者家族に精神的苦痛を与えるのかは、必ずしも定かではない。すでに見たように、有罪判決を受けた人が事実を否定し、無実を主張したような場合、たとえそれが名誉毀損に当たらなくても、被害者家族は傷つくであろう。だが、だからと言って、有罪判決を受けた人が無実を主張することを止めることはできまい。有罪判決を受けた人が、その犯罪について表現することによって、何年も経ってから事件を蒸し返され、当時の辛い気持ちが蘇って、著しい苦痛を覚えるかもしれない。しかし、事件は公共の利害に関する事実であり、何年も経っているからといって、その事件について表現することを妨げることはできまい。被害者家族の立場では、その事件の犯人が表現していることで傷ついているものと想定されるが、事件に関する表現の中で、犯人によるものだけを捉えて特別な精神的苦痛を主張することは難しいのではないかと思われる。

## 不当利得返還請求権

民法第七〇三条は、「法律上の原因なく他人の財産又は労務によって利益を受け、そのために他人に損失を及ぼした者……は、その利益の存する限度において、これを返還する義務を負う」と定める。これが不当利得返還請求権を定めた規定である。被害者又は被害者家族は、さらに、このような犯罪を犯して有罪判決を受けた人がその犯罪に関して行った表現行為を理由として受け取った報酬等を不当利得として返還請求できるであろうか。

この点、アメリカの事例では、不当利得返還請求が退けられた事例がある。[6] 将来犯罪のストーリーを売って得るかもしれない利得に対する被害者家族などからの返還請求の主張に対して、利得が将来得られるかもしれない不確定のものであることに加えて、その利得は原告(被害者ないし被害者家族)が被告(加害者)に付与したものではないため、不当利得返還請求訴訟の要件を満たしていないと判断されたのである。

日本では、前例がないため、どう考えるべきか定かではない。不当利得とは、典型的には、一度有効に成立した契約が無効であったりして、契約はなかったものとされたような場合に、契約で物を買った人は物を返還し、売った人は受け取った金銭を払い戻さなければならないという制度である。不当利得の法制度は、究極的には公平さに基づくものであるが、一般には、不当利得となる事例には類型があり、この典型的な事例のような給付利得の事例のほか、何らの法律上の原因もなく、相手の権利を侵害しながら利益を受けている者がいるような侵害利得の事例があると考えられている。

犯罪を犯して有罪判決を受けた人が、その犯した犯罪に関して表現行為を行って、収益を得たとき、おそらく考えられるとすればこの侵害利得の類型に当たる場合であろう。この場合、有罪判決を受けた人が、その表現行為によって「利益を受け」ていることには疑いはない。問題は、それによって、誰かの権利利益が侵害されているかどうかであろう。つまり「他人に損失を及ぼした」かどうか、犯罪を犯して有罪判決を受けた人が、その犯罪に関して表現行為を行った時に、それによって受ける利益は、本来犯罪の被害者が受け取るべきものであったのかどうかである。つまり、犯罪被害者の立場では、自分が殺害された時に、その殺害について表現行為を行って利益を上げる権利を有しているかどうかであろう。おそらく、そのような権利は存在しないであろう。とすれば、有罪判決を受けた人に利益があっても、それは本来他人に帰属すべきものであって、それを法律上の原因なく剝奪しているとは考えられないのではなかろうか。

同じように、犯罪を犯して有罪判決を受けた人が、その犯した犯罪に関して表現行為を行って収益を得たときに、その利益は本来被害者家族に帰属すべきものであったのに法律上の原因もなく剝奪しているると考えることは難しいように思われる。その犯罪に関して表現行為を行って利益を得ることが、本来被害者家族の権利だと考えることは難しいものと思われるからである。

したがって、その収益を不当利得として返還請求することは困難なのではないかと思われる。

## 2　どのような措置の導入が考えられるか

### 出版を禁止する

したがって、犯罪を犯して有罪判決を受けた人が、その犯罪に関して表現行為を行ったことに対処するためには、新たな何らかの制度を導入するほかない。

元少年Aによる『絶歌』に対する被害者たちの家族の反応に鑑みると、何よりも被害者たちの家族は、本の出版行為が被害者及びその家族に対するさらなる加害行為であるとして、その出版を阻止したいと希望しているようである。この希望に応えるためには、法律を制定して、犯罪で有罪判決を受けた者によるその犯した犯罪に関する表現行為を禁止するほかない。そして、その禁止を担保するためには、違反行為に対して刑罰を加えることになろう。アメリカの「サムの息子法」では、このような禁止規定は含まれていないが、犯罪を犯して有罪判決を受けた人によるその犯罪に関する表現行為に対処するという選択肢として、日本版「サムの息子法」は、このような表現行為自体を禁止すべきだという主張だと理解できよう。

### 「犯罪の収益」として収益を剝奪する

これに対し、本を出版することによって元少年Aが収益を上げることに不快感を示す声も少なくない。この場合、犯罪を犯して有罪とされた人から、その犯した犯罪に関する表現行為から得られる収益を剝奪することが、最善の方策であろう。これは、まさにアメリカ型の「サムの息子法」を日本にも導入すべきだということである。

収益を剝奪する場合、現存の没収制度をこの場合にも適用するという方法も考えられる。犯罪を犯して有罪判決を受けた人が、犯罪に関して表現行為を行って得られた収益をも「犯罪の収益」と言うべきかが問題となりうるが、もしそう言えるのであれば、現在の没収制度の延長線で、収益の没収を制度化することが可能である。つまり現在の没収制度の対象をこのような収益を含む「犯罪の収益」に拡大すればよいのである。この場合、犯罪を犯して有罪判決を受けた人は、表現行為によって得られる収益を犯罪の収益として没収される。ただし、この場合、収益は国庫に帰属するので、犯罪被害者の救済に充てられるという保証はない。

また、アメリカやカナダでは、犯罪の手段などのような場合、刑事没収の手続がとられ、刑罰の一種として没収されるが、[7] それ以外にも別の民事没収手続もありうる。[8] 日本のように没収が、[9] 犯罪に対する刑罰の一種であって、付加刑として科される場合もあるが、それとは別の手続として利用されることもあるのである。民事没収の場合は、対象となる行為が刑法上違法なものでなくても、さらに当事者が刑事裁判で有罪とされていなくても、没収手続が取られうる。しかも、刑事手続のような手続的保護は当事者には与えられない。[10] この民事没収制度を利用すれば、有罪判決を受けていない人からも、その収益を民事的に剝奪し、被害者救済機関などでそれを被害者に分配することができる。

ただ、日本には、このような民事没収制度が存在しない。それゆえ、このような民事没収制度を導入するとなると、きちんと制度それ自体を新たに整備しなければならないことになろう。

## 擬制信託ないし強制的信託を導入する

さらに、アメリカやカナダには、信託の制度の中で、当事者の明示的な自発的な意思がなくても、法律上信託があったものとみなす擬制信託や、法律上信託を義務付ける強制的信託の制度が存在する。コモンローの国であるアメリカやカナダでは、信託法の伝統の中でこのような擬制信託ないし強制的信託が認められてきたので、この場合にもこれを利用することが考えられる。すなわち、犯罪を犯して有罪判決を受けた人が、その犯罪に関する表現行為から収益を得たときに、その収益を強制的にエスクローに付させ、被害者救済機関が自ら管理し、又は銀行に管理させ、被害者が民事の損害賠償訴訟を提起して勝訴判決を得れば、そのエスクローされている収益から支払う制度が可能となる。これが「サムの息子法」の仕組みである。

日本でも、これと類似の手続を導入することが考えられる。ただ、日本の信託法では、当事者の意思にかかわらず、自動的ないし強制的に信託を設定するという擬制信託ないし強制的信託の制度は存在しない(信託法第三条)。したがって、日本では、元々のニューヨーク州法やオンタリオ州法のように、犯罪を犯して有罪判決を受けた人が、その犯罪に関する表現行為に対して報酬その他の対価を得る契約を締結した場合に、契約当事者である出版社等に契約に基づき支払うべき報酬その他の対価を国又は被害者救済機関に支払わせることを義務付ける制度をどう制度化すべきなのか、厄介な問題が生じよう。

## 供託制度を利用する

これに対し、供託制度は、現在も存在する。供託とは、金銭、有価証券などを国家機関である供託所に提出して、その管理を委ね、最終的には供託所がその財産をある人に取得させることによって、一定の法律上の目的を達成しようとするために設けられている制度である。[11] 供託が認められるのは、法令(例えば、民法、商法、民事訴訟法、民事執行法等)の規定によって、供託が義務付けられている場合又は供託をすることが許容されている場合に限られる。基本的には、①弁済のためにする供託(弁済供託)、②担保のためにする供託(担保保証供託)——裁判上の保証供託、営業上の保証供託、税法上の担保供託、③強制執行のためにする供託(執行供託)、④保管のための供託(保管供託)、及び⑤没取の目的物の供託(没取供託)が可能であり、一般的には国の機関である法務局・地方法務局又はそれらの支局もしくは法務大臣の指定する出張所が供託所となっている。

それゆえ、犯罪を犯して有罪判決を受けた人がその犯罪について表現して得られる収益を、被害者救済のために剝奪するためには、この供託制度を拡大させる可能性もあろう。将来の犯罪被害者による損害賠償請求に備えて、報酬その他の対価の供託を義務付けるという制度は、より実現可能性が高いかもしれない。とすれば、そのような表現行為によって得られる収益を供託させておいて、被害者に訴訟を提起させ、被害者が勝訴した場合には、その供託された金額から損害賠償を支払わせるという形の制度になるのではないかと思われる。[12]

**報酬の支払いと受け取りを刑罰で禁止する**

この点、カナダの州法に見られるような、犯罪を犯して有罪判決を受けた人がその犯した犯罪に関して行う表現行為に対し、対価の支払いを禁止し、その対価の受領を禁止する制度も考えられる。これはアメリカにはないが、カナダではモデル法案及びそれを受けたサスカチュワン州やブリティッシュ・コロンビア州にはこのような制度がある。そして、ブリティッシュ・コロンビア州の場合、対価の支払い禁止違反と対価の受領禁止違反の際には、法律所定の罰金額だけではなく対価の金額を超えない範囲の罰金が科されるので、結局収益はこの罰金として回収されることになる(しかも、罰金は、支払うべき収益又は受け取った収益を引き渡さなければならない債務を免除する効果をもたない)。

ただ、収益を回収するためには、刑罰による禁止だけでは足りない。結局のところこれらのカナダの「サムの息子法」は、収益を支払う側に代わりに州の機関に収益を支払うことを義務付け、犯罪を犯して有罪判決を受けた人が収益を受け取った場合には、それを州の機関に引き渡すことを義務付けており、回収された収益は信託基金となる。したがって、この仕組みは強制的ないし擬制信託と結果的には同じ効果になるものと思う。

## 3　表現の自由を侵害しないか——判断の枠組み

**判断の枠組み**

では、日本で「サムの息子法」が制定された場合、それは表現の自由を保障した日本国憲法第二一条に照らし、どのように判断されるべきであろうか。アメリカ及びカナダの経験を踏まえて考えてみよう。

日本国憲法は、その第二一条第一項で表現の自由を保障しているが、最高裁判所は、そこには憲法第一二条及び第一三条の規定する「公共の福祉」による制約があり、「公共の福祉」のために必要かつ合理的な制約であれば許容されるという立場を取ってきている。[13]日本の最高裁判所は、カナダの最高裁判所のように、何が保護される「表現」なのか、そこに表現の自由の「制約」は存在するのかを体系的に審査する枠組みを形成してはいない。また、表現の自由の制約があった場合に、その許容性を審査する比例原則の枠組みを確定してもいない。アメリカでは、その表現の自由の保障は極めて広く理解されており、そもそも表現の自由の制約に当たるかどうかが争われることはほとんどない。そして、表現の自由の制約に当たれば、表現内容に基づく制約か表現内容中立的な制約かに応じて、異なった審査基準が適用される枠組みが確立されている。日本の最高裁判所は、このような判断枠組みも明示してはいない。

しかし学説の上では、表現の自由の優越的地位を認め、裁判所は表現の自由の制約に対しては他の自由の場合と異なり厳しい態度で臨むべきだとする「二重の基準」論が支配的であり、[14]さらに、表現の自由の制約についても、アメリカ同様、表現内容に基づく制約か表現内容中立的な制約かに応じて、異なった審査基準の適用を主張する声が有力である。[15]

これによれば、まず、日本国憲法の保障する基本的人権の中にも優越的地位を占める人権とそうでない人権があり、優越的地位を占める表現の自由の場合には、そうでない経済的自由と比べてより手厚い保護が正当化されるという。表現の自由が優越的地位を占めるのは、基本的人権の中でも、表現の自由は民主政過程にとって不可欠な自由であり、他の自由の基盤をなすような自由だからである。表現の自由が、高い価値を持つないし優越的地位を占めるという考え方を否定しつつ、表現の自由が民主政過程に不可欠な自由であるから、その制約を政治的過程に委ねておくことはできず、独立を保障された裁判所が、その保護に対して特別な制度的責任を負っているという考え方もある。この立場でも、裁判所は、表現の自由については特別に手厚い保護が要請されるという。

さらに表現の自由の制約についても、アメリカの判例理論のように、表現内容に基づく制約の場合は、政府が、特定の表現内容ないし特定の見解が危険だとか気に入らないとか有害であるという理由で恣意的に制約する危険性が高い。それゆえ、表現内容に基づく制約の場合には、明白かつ現在の危険のような極めて厳格な基準が適用されなければならない。ただし、表現内容に基づく制約に、常に明白かつ現在の危険の基準を適用できるかどうかは疑問であり、合衆国最高裁判所が要求しているように、一般的にはやむにやまれない利益を達成するための必要不可欠な制約でなければ許されないと考えておいて、場合によって明白かつ現在の危険の基準のような基準を適用すべきだと考えた方が良いであろう。これは、合衆国最高裁判所がいうように厳格審査である。表現内容に基づく制約は、違憲性が推定され、政府が厳格審査を満たすような正当化をできなかった場合には、違憲とされるべきである。この基準が適用される場合、表現の自由の制約を正当化するためには、やむにやまれないような、圧倒的な政府利益が存在しなければならない。しかも、すでに見たように、手段は、過大包摂でも過少包摂でも許されない。過度に広汎な制約は、過大包摂であり、許されないことは明らかであるが、過少包摂、すなわち目的を達成するために規制すべきものを規制してはいないような場合も許されないことが重要である。それは、取りこぼしが許されるような目的では、やむにやまれない利益とは言えないからである。

これに対し表現内容中立的な制約とは、表現行為の表現内容中立的な時・場所・態様の規制の場合と、表現行為以外の行為の規制が表現目的の行為に適用される場合、いわゆる象徴的表現に関する場合がある。いずれも、表現内容中立的な制約であるため、同じく表現の自由が制約されるとはいえ、政府が表現を恣意的に制約する危険性は少ない。表現の自由が結果的に制約される以上、慎重な審査は必要であるが、表現内容に基づく制約の場合に適用される厳格審査ほど厳格な審査基準を適用する必要はない。したがって、実質的で重要な利益を達成するための必要最小限度の制約であればよいというのである。

このような表現内容に基づく制約と表現内容中立的制約の峻別論には批判もある。[16]同じように表現の自由が制約されるのであるから、ともに厳格審査を適用すればよいというのである。ただ、表現内容に基づく制約と表現内容中立的制約とでは、危険性が異なる。表現内容に基づく制約の方がより危険であることは否定できない。したがって、やはり表現内容に基づく制約と表現内容中立的制約を区別し、厳格審査は前者に限定すべきであろう。[17]

### 審査基準論と比例原則

これに対し、ドイツにならって三段階審査理論の適用を主張する見解が強まっているが[18]、その場合には、まず問題となっている行為が憲法の保護を受ける保護領域に入るかどうかの問題が提起される。この場合には、カナダと同じように、そもそも「表現」の制約があったのかどうかが問題とされ、もし制約があったとすれば、それが正当化されるかどうかが問題とされることになろう。ドイツの場合、意見表明の自由、プレスの自由、放送の自由、情報を受け取る自由と個別的に保障されており、それぞれの保護領域が問題となるため、日本やカナダのように「表現」に当たるかどうかという形では問題になっていない。おそらく「サムの息子法」の事例では、プレスの自由ないし意見表明の自由の保護領域に含まれるかどうかが焦点となると思われるが、ドイツの連邦憲法裁判所はこれらの自由の保護領域を明確に確定してはいないようであり、保護領域に含まれるかどうかやや定かではない。これに対しカナダであれば、暴力と暴力の脅し以外は「表現」に当たるという立場が確定しているので、すでに見たように、カナダであれば、犯罪を犯して有罪判決を受けた人がその犯罪に関して行う表現行為は、「表現」に当たるとされるものと推測される。ただし、後述するように、犯罪を犯して有罪判決を受けた人がその犯罪に関して行う表現行為には、表現の自由としての価値はなく、それゆえ表現の自由の保護は及ばないという主張はありうる。

次に、ドイツ型の三段階審査理論では、問題の行為が保護領域に含まれるとされた場合には、その「制約」があるかどうかが問題となる。これはカナダでは、表現の自由の「侵害」があったかどうかという形で問題とされる。「サムの息子法」が制定され、それによって表現の自由が制約されている場合には、表現の自由の「制約」ないし「侵害」を見出すことが可能であろう。ただし、後述するように、この第二段階で、「表現の自由」の制約ないし侵害を否定する議論はありうる。

もし問題の行為が保護領域に含まれ、そこに保護された基本権の制約が見出された場合は、ドイツでは第三段階の審査、すなわち制約が正当化されるかどうかの審査が行われる。カナダでも同様である。この第三段階の審査は、要するに比例原則の適用である。ただその場合、ドイツでも、カナダでも同じように比例原則による審査が行われるが、ドイツの場合には、カナダの場合のような立法目的が重要で実質的なものかどうかの審査はあまり行われていないようである。その点では、カナダ最高裁判所の比例原則の適用の方が組織的かつ体系的である。さらに、カナダ最高裁判所は、その比例原則の適用に先立って、文脈的な考慮の重要性を指摘しており、規制のタイプによっては立法者の判断が強く尊重される。その上、問題となっている表現の自由の価値が重要であり、要するに低い価値の表現の場合には比例原則の適用において制約が正当化されやすいという結果となっている。その上、カナダ最高裁判所は、比例原則の分析をさらに三つに細分化しており、合理的な関連性、必要最小限度の制約、均衡の保持の三点を順に審査している。その意味では、同じ比例原則が適用されていても、カナダの最高裁判所の方がドイツよりも組織的・体系的であり、しかも緻密な判断が行われていると言える。

このようなドイツの三段階理論及びカナダの比例原則のメリットは、それぞれの事例においてきめ細かな利益衡量が可能である点である。アメリカのような審査基準論に従うと、制約類型に応じて厳格審査と中間的審査のいずれかが適用され、そのいずれかの基準のもとで審査が行われる。厳格審査が適用されると、事実上、その厳格審査をクリアする事例は極めて少なく、ほとんどの場合違憲判決が下される。これに対し経済的自由の制約のように緩やかな審査基準が適用されると、議会の判断が尊重され、ほとんどの事例で制約の合憲性が支持される。事実上、審査基準の選択で、結論はほぼ決まりである。中間的審査基準が適用された場合、どちらに転ぶかやや不明確であるが、表現の自由に関する事例では、中間的審査基準のもとでもかなり厳しめの審査が行われている。

これに対し三段階理論及びカナダの最高裁判所の判例理論によれば、審査基準は比例原則という単一の基準である。異なった基準の使い分けという問題は生じない。その代わり、その比例原則は、カナダ的に言えば、文脈に応じて異なって適用され、一定の場合には比例原則が容易に満たされやすいが、他の場合には比例原則の充足はなかなか認められない。日本では、しばしばこの違いは、「審査密度」の違いとして理解されている。[19] それは一種のスライディングスケールであり、個別具体的な事例に応じて、具体的な事例にふさわしい審査が行われる。特に、問題となっている表現の価値に応じて、比例原則はいわば厳しく適用されることもあれば緩やかに適用されることもある。

アメリカ型の審査基準論とドイツ・カナダ型の比例原則のどちらがより優れているのか、日本国憲法の解釈としてはどちらの手法の方がふさわしいのかは、大変難しい問題である。しかし、一方で比例原則では、個別事例に応じてきめ細かな審査が可能となるが、他方で、その比例原則の適用は個別具体的な事例で裁判所が判断するまでは予測が困難である。その意味で比例原則の方が、予測可能性が低いと言えるのではないかと思われる。しかも、社会の多数者の価値判断を反映して、裁判所が問題となっている表現には低い価値しかないと判断すると、容易に制約が認められてしまう危険性がある。このことは、表現の自由の場合、往々にして制約されがちなのは、社会において嫌われている少数派の表現であることを考えると、そのようなまさに保護を必要とする少数派の表現こそが、低い価値しか有していないとして簡単に制約が認められる危険性があることを示唆する。これでは、表現の自由の保障は、極めて危ういものとならざるをえない。アメリカの審査理論では、適用されるべき審査理論の選択に際し、低い価値を持つ表現の場合には低い保護でよいという「低い価値」理論も提唱されているが、合衆国最高裁判所は原則としてはこのような、価値が低い表現には低い保護しか与えられないという立場を取っていない。その上、適用されるべき審査理論が決まれば、問題となる表現の自由の価値は関係ない。その意味では、アメリカ型の審査理論の方が、裁判官が社会の多数派の価値判断を反映して、社会の中で嫌われている少数派の表現を価値が低いものとみなして、保護を否定する危険性を少なくしていると言える。

以上のことから考えると、やはり日本では、アメリカに倣って、表現内容に基づく制約と表現内容中立的な制約に応じて、慎重な審査を、特に表現内容に基づく制約の場合には厳格審査を適用すべきであろう。

## ４　「サムの息子法」は表現の自由を制約するか

### 表現としての価値はない

そこで、「サムの息子法」を日本に導入した場合に提起されるであろう、表現の自由に関する問題を検討してみよう。

まず、第一に、「サムの息子法」が、憲法で保護された表現の自由の問題を提起するのかどうかが、問題となりうる。つまり、犯罪を犯して有罪判決を受けた人がその犯罪に関して行った表現には、表現としての価値はなく、それゆえ、そもそも表現の自由の保護はないという主張がありうるのである。この点、アメリカでも、一定の表現は表現の自由の保護を受けない表現と認められているが、これまで合衆国最高裁判所が表現の自由の保護から排除してきた表現は、わいせつな表現、児童ポルノ、喧嘩言葉などであり、犯罪を犯して有罪判決を受けた人がその犯罪に関して行う表現は、保護の範囲から排除されてはいない。合衆国最高裁判所は、この保護を受けない表現の範疇を拡大することに極めて消極的なので、これが保護の対象から排除される可能性は低い。カナダの最高裁判所でも、暴力とその脅しだけが「表現」の範疇から排除されているが、それ以外の表現は、その表現内容のいかんにかかわらず、表現の自由に含まれると認められており、その保護を否定することは難しい。

考えてみれば、確かに中には、犯罪を犯して有罪判決を受けた人が、被害者をさらに傷つけることを目的として犯罪に関する表現行為を行うことも考えられる。例えば、性的暴行を加えて、その様子をビデオに録り、それを理由におどしたような場合は、その典型例かもしれない。このように、表現行為それ自体が犯罪行為の証拠であり、その公表が被害者をさらに傷つけるような場合であれば、あるいはその表現物には表現としての価値はないとして、表現の自由を否定することもありうるかもしれない(おそらくこのような場合も、一応表現の自由の保護を認めつつ、その表現行為を制約することも正当化されると考える方がより妥当であろうが)。

しかし、犯罪を犯して有罪判決を受けた人が、犯罪に至った背景を理解してもらいたいとか、犯罪を犯したことを反省して贖罪のために表現することもありうる。しかも、その表現を読む一般公衆の立場でも、単なる好奇心で出版された本を読むこともあるであろうが、同時にその本は、事件の背景を理解し、刑事司法制度や刑事裁判制度の問題点を知るためにも有益かもしれない。このような表現行為のことを考えると、犯罪を犯して有罪判決を受けた人が、その犯罪について行う表現行為が、すべて全く価値のない、表現の自由として保護に値する価値のない表現だと言い切ってしまうことはできないのではなかろうか。

これに対し、アメリカでも、殺人事件に関する殺人記念品のようなものについては、児童ポルノと同様、表現の自由の保護を受けない表現と言えるのではないかという声がある。[20] それによれば、合衆国最高裁判所は、児童ポルノの禁止を支持するに際して、児童ポルノが児童の性的虐待という犯罪と本質的に関連しているがゆえに、その保護の必要性を否定した。これと同じように、たとえ表現であっても、その内容のゆえにではなく、それが作成された方法が犯罪と本質的に関わっており、しかも被害者が特別に弱い立場にありかつ危害が極めて重大であるがゆえに、表現の自由の保護を否定することは可能だという。ある種の殺人記念品は、これにより、表現の自由の保護を受けないと考えられるというのである。[21] これと同じ論理をとれば、殺人記念品だけでなく、犯罪を犯して有罪判決を受けた人が、その犯罪に関して行う表現行為そのものが、そもそも保護に値しない表現だということもできるかもしれない。

ただし、この論者によれば、これによって排除されうるのは、限定されているという。犯罪に関する回顧録、フィクション、テレビ、新聞記事などは排除されるべきではないし、犯罪に関するドキュメンタリーやインタビューも排除されるべきではない。また映像的な叙述とは異なる記述的な叙述も排除されるべきではない。さらに、絵画も排除されるべきではないという。結局のところ、そこで排除されているのは非表現的な物品のみのようである。[22]おそらくこのような非表現的な物品は、そもそも表現とは言えないのではないかと思われるので、このような物品に対する保護を否定することによっては、「サムの息子法」の合憲性を支持することはできないのではなかろうか。

このことは、犯罪を犯して有罪判決を受けた人が、その犯罪に関して行った表現行為をすべて保護に値しない表現行為だとすることは難しいのではないかということを示唆する。

**表現の自由を「制約」しない**

では、犯罪を犯して有罪判決を受けた人がその犯罪に関して行った表現が、表現の自由の保護を受けうるとすると、次に、「サムの息子法」がそもそも表現の自由を「制約」するのかどうかが問題となる。

この点、犯罪を犯して有罪判決を受けた人が、その犯罪に関して表現行為を行うこと自体を禁止する法律であれば、明らかに表現の自由が制約されていると言える。これに対し、犯罪を犯して有罪判決を受けた人がその犯罪に関して本を出版するなど表現行為を行った場合に、その収益を剥奪する制度の場合、出版社はその本の出版を妨げられない。犯罪を犯して有罪判決を受けた人も、自ら収益を受け取ることはできないが、本の出版など表現行為を行うことは妨げられない。したがって、この種の法律の場合、アメリカやカナダの場合と同様、表現の自由の制約は存在しないという主張が考えられる。

確かに、表現行為に対する報酬や対価はいらないが表現行為をしたいという人もいる。それゆえ収益は剝奪されるが、表現の自由それ自体は何ら制約されないとの主張にも理由がないわけではない。しかし、犯罪を犯して有罪判決を受けた人の立場から見て、報酬も対価も支払われない場合には、表現行為を行う意欲が削がれることも考えられる。とすれば、犯罪を理由にして有罪判決を受けた人がその犯罪行為について表現しようという気持ちを削ぎ、結果的にそれがなければ出版されたかもしれない書籍が出版されなくなる可能性は皆無ではあるまい。また、出版社としても、収益を受け取れないけれども出版したいという人からしか出版することができなくなり、「サムの息子法」がなければ出版できたかもしれない本の出版ができなくなるかもしれない。それゆえ、収益を剝奪することが表現の自由に何ら影響しないということは難しいのではなかろうか。この点は、サイモン・シュスター判決が認めている通りである。少なくとも、「サムの息子法」は、収益を剝奪するだけであっても表現の自由を制約する効果を持つというべきであろう。

さらに、可能性としては、そのように表現の自由が制約される可能性はあるかもしれないが、現実的にそのような可能性があるのかどうか定かではない以上、単に可能性があるというだけで、「サムの息子法」を違憲とすべきではないという声もある。確かに、具体的に「サムの息子法」がどの程度表現の自由を制約する結果をもたらすか、経験的なデータは存在しない。その意味では、表現の自由が制約される可能性は、単なる杞憂だという主張にも全く根拠がないわけではない。

しかし、経験的に見ても、収益を剝奪されることで、表現行為を行う意欲を削がれる可能性は十分現実的だと思われるし、出版社の立場でも、執筆者が収益を受けられないような状況で、収益を放棄してでも出版したいという人としか出版の契約をすることができないことになれば、そうでなければ出版できたものが出版できなくなる可能性は決して少なくないと思われる。そうしてみると、表現の自由が制約される可能性は単なる杞憂に過ぎないとは言えないのではないかと思われる。

### 付随的な効果に過ぎないのではないか

ただ、犯罪を犯して有罪判決を受けた人がその犯罪に対して行った表現が憲法上表現の自由の保護を受け、「サムの息子法」がその表現の自由を制約するとしても、その制約が「公共の福祉」のために必要不可欠な制約であれば、憲法には反しない。

この点、アメリカのように、表現内容に基づく制約と表現内容中立的な制約とを区別する立場では、「サムの息子法」が、表現内容に基づく制約なのか、表現内容中立的な制約なのかが問題となる。すでに見たように、アメリカでも、合衆国最高裁判所は、「サムの息子法」を表現内容に基づく制約と判断しているが、「サムの息子法」を支持する論者は、表現内容ではなく、表現行為の結果として得られる収益を狙ったものであって、表現内容中立的な制約だと主張している。あるいは、「サムの息子法」は、あくまで表現行為によって得られる収益を剝奪することを目的としており、つまり、表現の第二次的効果を狙ったものであって、その結果としてもたらされる表現の自由への制約は、付随的なものに過ぎず、表現内容に基づく制約とは言えないという主張も、ほぼ同じことを主張しているものと見ることができる。

しかし、古典的な「サムの息子法」は、犯罪を犯して有罪判決を受けた人が行う表現行為の中で、その犯した犯罪に関する表現だけを狙い撃ちにして、その収益を剝奪しようとしている。有罪判決を受けた人が詩を書き出版しても、料理の本を書いて出版しても、古典的な「サムの息子法」では、その表現は、その犯した犯罪に関するものではないので、収益剝奪の対象とはならない。これでは、明らかに表現内容に基づいて、収益を剝奪しようとしているものであり、その制約は表現内容に基づくものと言わざるをえないであろう。

これに対し、現在のニューヨーク州法のように有罪判決を受けた人が得た犯罪に由来するすべての収益及び犯罪と関係なくすべての資産を剝奪の対象とするところや、カリフォルニア州のように収益が犯罪によって有名となった結果価値が高まって得られた収益をも対象とするところでは、犯罪に関する表現行為以外からの収益も剝奪の対象となりうる。このようなタイプの「サムの息子法」の場合は、表現内容に基づく制約とは言いがたいものと思われるかもしれない。このような拡大された「サムの息子法」の合憲性の問題点は、のちに検討することにする。ただ、カリフォルニア州の州法のように、以前からの表現行為に向けられた収益だけを剝奪する規定を残しておいて、新たに犯罪の結果価値が上がったものを剝奪する規定を加えただけのような場合には、以前の規定は依然として表現内容に基づく制約だとされる余地が残されている。

### 営利的表現なのではないか

たとえ、犯罪を犯して有罪判決を受けた人がその犯罪に関して行った表現を理由として、その収益を剝奪する「サムの息子法」が、表現内容に基づく規制だとした場合も、その犯罪に関する表現は、利益獲得目的で行われたものであって、営利的表現と言えるのではないかという主張もありうる。アメリカでは、一般に表現の自由の表現内容に基づく制約には厳格審査が適用されるが、営利的表現とそれ以外の表現との間には常識的な差異があり、営利的表現の制約には厳格審査ではなく、中間的な審査が適用されることが確立している。[23] したがって、もし犯罪を犯して有罪判決を受けた人がその犯罪に関して行った表現が営利的表現であれば、厳格審査は適用されないことになる。日本でも、このように営利的表現に対しては、例えば政治的表現などと比較して低い保護しか認めない立場が有力である。[24]

しかし、報酬があることがさらなる表現の動機になるとはしても、収益を上げるために表現を行っているとは限らないし、たとえ収益を上げることが目的であっても、だからといってすべての表現が営利的表現になるとは限らないのではなかろうか。[25] 犯罪を犯して有罪判決を受けた人がその犯罪に関して行う表現をすべて営利的表現と断言することは無理があるように思われる。

### 低い価値しか有していないのではないか

これに対し、それぞれの事件の文脈の中で、それぞれの表現は、異なった価値を有しており、それぞれの事件で問題となっている表現の内容に応じて、その表現の自由としての価値が決定されるべきであり、ある種の表現は低い価値しか有していないために、低い保護しか受けないと考える立場もありうる。この立場では、事件ごとに、問題となっている表現の、表現の自由としての価値を決定し、低い価値しか有していないと判断された場合には、低い保護しか認められない結果となる。犯罪を犯して有罪判決を受けた人がその犯罪に関して表現した場合も、それが事件の背景を知り、刑事裁判制度や刑事司法制度の問題点を理解する上で有益な内容を提供しているか、そのような目的で出版されている場合であれば、表現の自由として評価されうるかもしれない。しかし、逆に、加害者の満足のためや被害者をさらに傷つける目的で出版されているような場合であれば、表現の自由としての価値は低いとして、低い保護しか認められないことになろう。

このように、表現の価値を、それぞれの事件ごとに個別的に評価して、低い価値の表現には低い保護しか与えないという立場は、一般に「低い価値」理論として知られており、合衆国最高裁判所は、この立場に全面的には与してはいない。[26]これに対しカナダ最高裁判所は、比例原則の適用に際しては、問題となっている表現の、表現の自由としての価値が重要だとしており、しばしば問題となっている表現が低い価値しか有していない点を強調して、比例原則の基準の充足を容易に認めている。日本では、このような立場を正面から主張する声は多くはないが、それぞれの事件で個別的に利益衡量することを求めるような立場であれば、結果的にこのような低い価値の表現には制約が容易に認められることとなる。

すでに触れたように、このような立場の最大の問題点は、ある表現が高い価値を持っているのか低い価値を持っているのかを客観的に判断する基準は存在せず、評価は人によって大きく異なりうるという点である。ある人にとってはクズのような表現でも、別の人にとっては美しい叙情詩なのかもしれない。その表現が、どのような価値を持っているのかの最良の判断者は、それゆえ表現の自由市場の中の、個々の読者である。それを、裁判官が個別的に判断し、当該裁判官が低い価値しか持っていないと判断した場合には低い保護しか認めないということになれば、裁判官の主観的な判断で保護が左右される危険性がある。しかも、通常裁判官は社会の多数者の良識を代表している場合が多いといえるであろうから、この立場では、要するに社会の多数者において価値がないと思うような表現に対する保護を切り捨てるのを許す結果になる。

したがって、個々の事件で、裁判官に問題となっている表現の、表現の自由としての価値を評価させ、低い価値しか有していないと判断された表現に対しては低い保護しか与えないという立場は、まさに保護を必要とする社会における少数派の表現を排除することを許す結果になる。それゆえ、このような立場は妥当ではないというべきであろう。

### 表現内容に基づく表現の自由の制約だと考えるべき

それゆえ、犯罪を犯して有罪判決を受けた人がその犯罪に関して行った表現行為を狙い撃ちにして、その収益を剝奪しようとしている場合には、それは表現内容に基づく制約として、厳格審査が適用されるべきであろう。法律はあくまで表現内容を狙っているのではなく、その結果として得られる収益を剝奪することを狙っているので、表現内容中立的な制約だという見解は妥当ではない。そして犯罪を犯して有罪判決を受けた人が、その犯罪に関して行う表現行為は、明らかに「表現」であり、たとえ収益だけが剝奪されるとしても表現の自由が制約され、そしてその収益の剝奪が特定の表現内容に対してのみ適用されることから見て、それは表現内容に基づく制約だと考えるべきである。その表現は営利的表現であって低い保護しか受けないという見解も、その表現は低い価値しか持っていないから低い保護しか受けないという見解も妥当とは言えない。やはりそのような表現の自由の制約には厳格審査が適用されるべきである。したがって、その制約はやむにやまれない利益を達成するための必要不可欠な手段でない限りは許されず、その証明責任は政府の側にあるということである。

これに対し、このような表現行為を狙い撃ちにしないで、犯罪の結果得られた収益又は犯罪の結果価値が上がったものの収益をすべて剝奪するような形の法律であれば、表現内容に基づく制約とは言えない。しかし、それでもそれが表現の自由を制約する結果を持ちうる以上は、表現内容中立的な制約として、慎重な審査を行うべきであろう。具体的には中間的な審査基準を適用すべきことになろう。したがって、その制約は重要で実質的な利益を達成するために必要最小限度の手段でない限りは許されず、やはりその証明責任は政府の側にあるというべきである。

## 5　検閲の禁止に当たらないか

### 検閲と事前抑制の禁止

日本国憲法第二一条第二項は検閲を禁止している。これは、表現に対する事前抑制ないし検閲を原則として禁止する英米の表現の自由の法理を明文で確認したものである。アメリカの事例では、幾つかの州で、「サムの息子法」が表現の事前抑制なのではないか、もしそうだとすると、それは正当化されるのかどうかが問題とされている。

もともとアメリカ法の母国であるイギリスにおいて、古典的な表現の自由に対する最も重大な脅威は、国王による検閲制度であった。活版印刷技術の発達によって、一度に大量の文書が印刷配布されることが可能になり、治安の破壊を恐れたイギリスの国王は、出版物を出版前に提出させ、内容を審査し、適切なものだけに出版を許す検閲制を導入したのであった。しかし、この検閲制に対しては、議会及びそれを支持する公衆の側から強い非難の声が上がり、やがて検閲制は廃止せざるをえなくなった。それ以降、イギリスでは、言論の自由とは何よりも検閲なく自由に出版できることを意味すると考えられてきた。イギリスの植民地として出発したアメリカも、このような言論の自由を受け継いだ。そして、のちにこの言論の自由は、合衆国憲法に付加された権利章典の中で、修正第一条により表現の自由の保障へと結びついた。そして、アメリカでは、検閲だけでなく、表現を理由とする事後処罰であっても、表現の自由の侵害の問題を生じさせることが認められるようになるが、それでも、修正第一条のもとでは検閲は許されないことは長い間当然のことと考えられてきた。

合衆国最高裁判所も、ニア対ミネソタ事件判決[27]において、このような検閲の禁止を確認している。この事件では、名誉毀損的な記事を掲載する新聞等に対して差止訴訟の提起を認める州法のもとで、知事が裁判所に申し立てを行い、裁判所が発した発行停止命令が問題とされた。合衆国最高裁判所は、行政機関が行う検閲も裁判所が発する差止めも共に「検閲」に当たりうるとの前提で、このような表現に対する事前抑制は極めて例外的な場合以外は許されないと判断し、州法を違憲と結論した。例外が認められるのは、戦争中に、自軍の滞在場所や軍の規模や輸送船の出港日を公表するような場合であり、いわば重大な危害の発生が明らかに予測されるような場合だけである。

そしてこの立場は、ペンタゴン・ペーパーズ事件[28]でも再度確認されている。この事件では、ベトナム戦争へのアメリカの参戦に至る決定の決定過程に関する極秘文書、ペンタゴン・ペーパーズが漏洩し、ニューヨーク・タイムズやワシントン・ポストがその内容を掲載し始めたことに対し、合衆国政府が裁判所に差止めを求めた。合衆国最高裁判所は、このような表現の事前抑制には極めて強い違憲性の推定が働き、政府の側にはそれを反証する極めて重い責任が負わされるが、本件では、そのような責任は果たされていないと判断した。ペンタゴン・ペーパーズが公表されることによって回復不可能な重大な危害が発生することが明白であることが証明されていないと判断されたのである。

ところがそのアメリカでも、検閲禁止は絶対的ではないと考えられていたため、例外が認められる余地は極めて狭いとはいえ存在する。その上、多くのところでは、映画の発達に応じて、映画の検閲制度が導入され、合衆国最高裁判所も、映画の検閲制度は例外的に許容せざるをえなかった[29]。ただ、映画の検閲制度が、表現の事前抑制であることに変わりはない。そこで合衆国最高裁判所は、映画の検閲制度が許容されるためには、一定の十分な手続的保護が整備されていることが必要だとする立場をとってきている[30]。それによれば、映画に対する事前検閲制度が支持されうるためには、政府側にその映画が適切でないことの証明責任があり、迅速に決定が行われ、しかも事後的な迅速な裁判所の救済手続が保障されていることが必要だというのであった。映画に対する法律上の検閲制度が今日なお支持されうるのかどうか定かではないが[31]、表現の事前抑制を導入する以上は、少なくとも十分な手続的保護が保障される必要があろう。

## 「サムの息子法」は事前抑制か

さて、いくつかの州の「サムの息子法」は、犯罪を犯して有罪判決を受けた人と、その犯罪に関する表現行為について報酬を伴って行うことを契約すると、その契約の写しを州の法務総裁ないし被害者救済機関に提出させ、法務総裁ないし被害者救済機関が、その契約が「サムの息子法」の適用対象となるかどうかを判断する仕組みをとっている。その際、法務総裁ないし被害者救済機関は、契約が、犯罪を犯して有罪判決を受けた人が、その犯罪に関して表現行為を行うことを契約の内容としているかどうかを審査することになるが、そこでは例えばその表現行為が、犯罪について実質的に触れるないし描写しているかどうかを判断することになる（犯罪に触れているだけで法律が適用されるとなるとそれは過大包摂であって、修正第一条に反することになる）。そして、法務総裁ないし被害者救済機関が、契約の内容である表現行為が「サムの息子法」の適用対象となる表現行為であると判断すると、その契約の当事者は、その契約に基づいて有罪判決を受けた人に支払われるべき報酬などの対価を、法務総裁ないし被害者救済機関に対して支払わなければならなくなる。このような制度のもとでは、実質的に書籍出版前に書籍の内容を行政機関が審査判断し、収益剝奪の効果が付随することになるものと思われる。したがって、このような制度は修正第一条で原則的に禁止されている「検閲」ないし事前抑制に当たるかどうかが問題となる。

もしそれが検閲ないし事前抑制であれば、修正第一条のもとで、検閲ないし表現の事前抑制は強い違憲性の推定を受け、政府の側でその例外的な許容性を立証できない限り、違憲とされることになる。合衆国最高裁判所は、表現の事前抑制が認められる極めて例外的な場合を容認しているが、「サムの息子法」による事前抑制が、果たしてそのような例外に当たりうるかどうかは定かではない。メリーランド州の裁判所は、この点について明確な判断を示していないが、潜在的な論点としてはこの問題はなお残されているものと言える。

しかも、メリーランド州のように、この法務総裁ないし被害者救済機関の判断において、犯罪を犯して有罪判決を受けた人がその犯罪に関して書いた書籍は、犯罪について実質的に触れるないし描写していると推定され、当事者がその書籍は犯罪について実質的に触れるないし描写していないと反証できない限り、その推定が覆らないことになると、その手続における保護が十分かどうかの疑問が提起される。さらに、この法務総裁ないし被害者救済機関の判断に対しては不服申し立てと裁判所への救済を求める余地が残されているが、一定期間内にこのような不服申し立てないし司法的救済を求めなかった場合には、法務総裁ないし被害者救済機関の判断が最終的となり、のちにそれを争うことができないことについても、これで手続的に保護は十分なのかとの疑問が湧いてくる。

それゆえ、州の法務総裁ないし被害者救済機関による個別的な内容審査が事前に存在する手続の場合には、その合憲性について重大な疑問が提起されているのは当然であろう。

### 日本ではどうか

さて、日本では、どのような制度が構想されるのか定かではない。だが、もしメリーランド州と同様の制度が導入された場合には、日本でもその制度は、憲法二一条第二項で禁止された「検閲」に当たるのではないか、もし「検閲」に当たらなくても、それは表現の事前抑制であって、原則として許されないのではないのかとの疑問を生じさせるものと思われる。

日本では、憲法第二一条第二項で禁止された「検閲」の意味及びその禁止の程度については、税関検閲制度訴訟判決（最大判一九八四年一二月一二日民集三八巻一二号一三〇八頁）で、「憲法が、表現の自由につき、広くこれを保障する旨の一般的規定を同条一項に置きながら、別に検閲の禁止についてかような特別の規定を設けたのは、検閲がその性質上表現の自由に対する最も厳しい制約となるものであることにかんがみ、これについては、公共の福祉を理由とする例外の許容……をも認めない趣旨を明らかにしたものと解すべきである。けだし、諸外国においても、表現を事前に規制する検閲の制度により思想表現の自由が著しく制限されたという歴史的経験があり、また、わが国においても、旧憲法下における出版法……、新聞紙法……により、文書、図画ないし新聞、雑誌等を出版直前ないし発行時に提出させた上、その発売、頒布を禁止する権限が内務大臣に与えられ、その運用を通じて実質的な検閲が行われたほか、映画法……により映画フイルムにつき内務大臣による典型的な検閲が行われる等、思想の自由な発表、交流が妨げられるに至つた経験を有するのであつて、憲法二一条二項前段の規定は、これらの経験に基づいて、検閲の絶対的禁止を宣言した趣旨と解されるのである」という。そして、「前記のような沿革に基づき、右の解釈を前提として考究すると、憲法二一条二項にいう『検閲』とは、行政権が主体となつて、思想内容等の表現物を対象とし、その全部又は一部の発表の禁止を目的として、対象とされる一定の表現物につき網羅的一般的に、発表前にその内容を審査した上、不適当と認めるものの発表を禁止することを、その特質として備えるものを指すと解すべきである」と判断している。

さらに、裁判所による差止めなどの事前抑制についても、北方ジャーナル事件判決（最大判一九八六年六月一一日民集四〇巻四号八七二頁）は、「一定の記事を掲載した雑誌その他の出版物の印刷、製本、販売、頒布等の仮処分による事前差止めは、裁判の形式によるとはいえ、口頭弁論ないし債務者の審尋を必要的とせず、立証についても疎明で足りるとされているなど簡略な手続によるものであり、また、いわゆる満足的仮処分として争いのある権利関係を暫定的に規律するものであつて、非訟的な要素を有することを否定することはできないが、仮処分による事前差止めは、表現物の内容の網羅的一般的な審査に基づく事前規制が行政機関によりそれ自体を目的として行われる場合とは異なり、個別的な私人間の紛争について、司法裁判所により、当事者の申請に基づき差止請求権等の私法上の被保全権利の存否、保全の必要性の有無を審理判断して発せられるものであつて、右判示にいう『検閲』には当たらないものというべきである」。しかし、「表現行為に対する事前抑制は、新聞、雑誌その他の出版物や放送等の表現物がその自由市場に出る前に抑止してその内容を読者ないし聴視者の側に到達させる途を閉ざし又はその到達を遅らせてその意義を失わせ、公の批判の機会を減少させるものであり、また、事前抑制たることの性質上、予測に基づくものとならざるをえないこと等から事後制裁の場合よりも広汎にわたり易く、濫用の虞があるうえ、実際上の抑止的効果が事後制裁の場合より大きいと考えられるのであつて、表現行為に対する事前抑制は、表現の自由を保障し検閲を禁止する憲法二一条の趣旨に照らし、厳格かつ明確な要件のもとにおいてのみ許容されうるものといわなければならない」という。

そこで、「出版物の頒布等の事前差止めは、このような事前抑制に該当するものであつて、とりわけ、その対象が公務員又は公職選挙の候補者に対する評価、批判等の表現行為に関するものである場合には、そのこと自体から、一般にそれが公共の利害に関する事項であるということができ、前示のような憲法二一条一項の趣旨……に照らし、その表現が私人の名誉権に優先する社会的価値を含み憲法上特に保護されるべきであることにかんがみると、当該表現行為に対する事前差止めは、原則として許されないものといわなければならない。ただ、右のような場合においても、その表現内容が真実でなく、又はそれが専ら公益を図る目的のものでないことが明白であつて、かつ、被害者が重大にして著しく回復困難な損害を被る虞があるときは、当該表現行為はその価値が被害者の名誉に劣後することが明らかであるうえ、有効適切な救済方法としての差止めの必要性も肯定されるから、かかる実体的要件を具備するときに限つて、例外的に事前差止めが許されるものというべきであり、このように解しても上来説示にかかる憲法の趣旨に反するものとはいえない」という。

このような最高裁判所の枠組みに照らして言えば、メリーランド州のような制度が導入されても、それは憲法第二一条第二項で絶対的に禁止された「検閲」に当たるとは言えないかもしれない。行政機関に「サムの息子法」の適用対象となる表現行為かどうかの審査判断権が付与されたとしても、「サムの息子法」は、すべての書籍を対象とするような包括的・網羅的な制度ではないし、「サムの息子法」の適用対象に当たると判断されても、出版それ自体は禁止されず、ただ単に収益が剝奪されるだけだからである。同様に、最高裁判所は、これは表現の事前抑制にも当たらないと判断するかもしれない。

しかし、このような審査が書籍の出版前に行われ、しかも、契約書の内容から見て、その書籍の内容がどのようなものなのかが審査判断の対象となる点は否定できない。被害者救済機関は、その書籍が、有罪判決を受けた人が有罪判決を受けた犯罪に関するものかどうか、その犯罪についてどの程度書籍の中で触れられているのか、（あるいはさらに、書籍の内容が被害者遺族を傷つけるような性格のものか、被害者遺族がどの程度傷つけられるのかも）判断することになるのである。そしてその判断の結果、書籍に対する報酬その他の収益は剝奪されることになる。これは実質的に表現の事前抑制に当たりうるのではなかろうか。

とすれば、そのような審査判断を行政機関である被害者救済機関に委ね、その判断次第で収益の剝奪が義務付けられるような制度は「検閲」に当たりうるのではなかろうか。そして最高裁判所の判断によれば、「検閲」の禁止は絶対的で例外を許さないので、その判断に従う限り、このような制度は許されないものと考えられる。

またそれが絶対的に禁止された「検閲」に該当しないものであったとしても、それが実質的に事前抑制としての機能を有する以上は、それは例外的な場合に、厳密な手続的保護を伴っている場合にのみ許容されると考えるべきであろう。とすれば、メリーランド州の制度のように、被害者救済機関の判断に対し不服がある者は一定期間内に裁判所に申し立てをしなければならず、もしその期間内に申し立てをしなかった場合は、その被害者救済機関の判断が最終的なものになるような制度は、手続的に疑問であろう。

したがって、もしそのような個別的な審査判断を媒介して収益の剝奪の義務を負わせるのであれば、オンタリオ州のように、州の法務総裁ないし被害者救済機関が、裁判所に「サムの息子法」の適用を求めて訴訟を提起し、裁判所が適用を認めた場合に、裁判所が収益をエスクローするよう命令する制度の方が適切なのではないかと思われる。裁判所の判断を媒介した差止め命令は、表現の事前抑制ではあるが、行政機関による「検閲」とは違って絶対的には禁止されていないと考えられているので、このような制度であれば、許容される可能性があろう。少なくとも裁判所の判断を介在させることによって、行政機関の一方的な判断だけによる収益剝奪の義務を負わせることが回避できるし、裁判所の手続を用いることによって、少なくとも公正な手続が保障されることになる。

その場合も、当然被告である有罪判決を受けた人もしくはその契約に基づいて報酬を支払う出版社の側の意見を聞く機会が与えられるべきである。被害者救済機関の一方的な申し立てだけで収益の剝奪を命じる命令を出せるというのは、憲法第二一条の保障する表現の自由の侵害であるだけではなく憲法上必要なデュー・プロセスを否定するものというべきであろう。もちろん、収益が浪費される切迫した危険性があれば、裁判所が最終的な審査判断を下すまでのあいだ、関係者の意見を聞くことなく、仮の救済を認めることは許されるかもしれない。ただし、あくまでこれは仮の救済であって、迅速に本訴訟で収益の剝奪について審査判断が行われるべきである。

しかも「サムの息子法」の適用対象となる表現行為であることの証明責任は被害者救済機関の側にあり、「サムの息子法」の適用を推定し、被告に反証を求めるのは妥当ではないと思われる。メリーランド州法のように、犯罪に関して表現行為が行われた時にそれは犯罪について実質的に触れたものと推定し、被告の側でわずかばかりあるいは付随的に触れただけにとどまると反証できない限り、「サムの息子法」の適用が認められるような制度は、それゆえ憲法上疑問とされざるをえない。

さらに、カナダのサスカチュワン州やブリティッシュ・コロンビア州のように、対価を伴う契約の締結に際して通知と契約書の提出などを義務付け、対価の支払い及び対価の受領を禁止する制度のもとでは、出版前からすでに対価の支払い及びその受領が禁止される。これは、場合によっては出版前にすでに出版を不可能にするものである。実質的に見て、それは事前抑制と機能するものといわざるをえまい。その上、対価を契約通りに支払い、あるいは受領するためには、当事者の方から、裁判所に申し立てを行って極めて厳しい立証責任を果たさなければならない。これでは、表現の事前抑制を正当化するために必要な手続的要件を満たしているとはとてもいえないであろう。

# 第五章　「サムの息子法」の許容性

## 1　犯罪に関する表現を禁止する

### 犯罪加害者による犯罪に関する表現行為を刑罰で禁止する

では、犯罪を犯して有罪判決を受けた人が、その犯罪について表現行為を行うことそれ自体を禁止できるであろうか。おそらく被害者遺族は、このような禁止を本心では求めているのであろう。当然、そのような禁止が導入された場合、それに反する行為があった場合には、刑罰を加えることが想定されよう。

このような禁止は、明らかに犯罪を犯して有罪判決を受けた人が、その犯罪に関して表現を行うことを制約する。したがって、すでに見たように、これは明らかな表現の自由の制約である。しかも、このような禁止は、書籍の内容が、犯罪を犯して有罪判決を受けた人がその犯罪に関して表現している場合にのみ適用されるので、明らかに表現内容に基づく制約である。

とすれば、すでに述べたような立場では、このような制約が正当化されるためには、禁止がやむにやまれないほど重要な利益を確保することを目的としており、しかもとられた手段が必要不可欠な限度に限定されていることが求められよう。

## やむにやまれない政府利益があるか

では、犯罪を犯して有罪判決を受けた人のその犯罪に関する表現行為を禁止する法律を正当化するような利益はあるであろうか。その利益は正当で、やむにやまれないほど重要なものであろうか。犯罪を犯して有罪判決を受けた人がその犯罪について表現することを禁止するのであれば、そのような表現行為が、犯罪被害者及びその家族をさらに傷つけることを理由にするほかない。これは、一種の、被害者及びその家族の感情を保護するという目的だと思われる。[1]

しかし、ある表現が不快であるとか、ある表現がある人の感情を傷つけるというだけで、表現を禁止する正当な目的と言えるかどうかは疑問である。アメリカでも、カナダでも、このような目的は正当な目的とは考えられてはおらず、それゆえ、アメリカでもカナダでも、犯罪を犯して有罪判決を受けた人が、その犯罪について表現行為を行うことそれ自体を禁止する法律は存在しない。[2]

実際、アメリカでは、合衆国最高裁判所は、ある表現が不快であって、誰かを傷つけるものであっても、そのことは表現の自由を禁止すべき正当な理由とはならないとはっきりと宣言している。侮辱的な表現を面と向かって行い、喧嘩が生じるような切迫した具体的な危険性がある場合であればともかく、そうでない限りは、不快であるとか、誰かを傷つけるという理由では、表現の自由の制約は認められない。[3] それゆえ、ネオナチの集団が、ホロコーストの生存者が多く暮らしている町で、ナチスの十字架を用いて集団行進しようとすることを阻止すべく制定された条例も、ホロコーストの生存者がさらに傷つけられないように保護するという目的では正当化されえない[4]。このような立場を前提とする限り、犯罪を犯して有罪判決を受けた人がその犯罪に関する表現を行い、被害者又はその家族がさらに傷つかないよう保護することを保護利益と主張しても、それでは刑罰規定は正当化されえないのは明らかである。

これに対しカナダの最高裁判所は、カナダの刑法典にあるヘイトスピーチの禁止の合憲性を支持している[5]。人種的・宗教的少数者に対する憎悪の悪意による促進が、その人種的・宗教的少数者を傷つけるだけではなく、社会にも危害を与えることを認め、その合憲性を肯定したのである。カナダの最高裁判所は、ヘイトスピーチが人種的・宗教的少数者の感情を傷つけることを防ぐ利益を正当で、重要かつ質的な利益と認めたのである。ただ、禁止しうるのは、悪意による憎悪の促進に限られており、かなり極端なヘイトスピーチだけが禁止の対象となりうる。犯罪を犯して有罪判決を受けた人がその犯罪に関して表現行為を行った時に、被害者又はその家族が感じる精神的苦痛が、ヘイトスピーチと同じくらい人を傷つけるものなのかどうかは、定かではない。これらのヘイトスピーチは、明らかに人種的・宗教的少数者に属する人に向けられていて、これらの人に対する憎悪を煽り立てる表現であるが、犯罪を犯して有罪判決を受けた人がその犯罪に関して行う表現活動は、あくまで犯罪に関する表現であって、犯罪被害者やその家族を侮辱したり、傷つけることを目的としているとは限らない。そのことを考えると、カナダでも、犯罪被害者又はその家族の感情の保護という利益では、禁止規定の正当化ははかれないのではないかと考えられる。

## 手段は必要不可欠か

しかも、すでに見たように、犯罪は公共の利害に関する事実であり、とりわけ重大事件や凶悪事件など公衆の強い関心を引く事件の場合、当然マス・メディアは広汎な報道を行い、新聞記者や作家が事件について調べてその成果を書籍などとして出版することも少なくない。被害者及びその家族は、これらの報道や表現によって深く傷つくかもしれないが、このような事件に関する報道や表現それ自体を禁止することはできまい。被害者及びその家族は、そのような事件に関する報道や表現の中で、犯罪を犯して有罪判決を受けた人によるものだけを禁止する選択肢を主張するものと想定される。その場合、なぜ犯罪を犯して有罪判決を受けた人による表現だけを禁止できるのかとの問題を生じさせよう。つまり、全く同じ内容の表現であっても、その著者が犯人以外であれば許されるのに、その著者が犯人の場合にだけ許されないとする理由は何かが問われるのである。

もちろん、中には犯人しか知りえない事実も存在しよう。その意味では、犯罪を犯して有罪判決を受けた人が、その犯罪に関して、犯人だけが知りえた事実を公表することであれば禁止できるのではないかと思われるかもしれない。その意味では、アメリカの「サムの息子法」の幾つかが、犯人が犯罪の遂行の過程で得た特異な知識ないし記憶の利用又は犯罪に関する犯人の感情や思いなど犯人だけにしかわからないことの公表をターゲットにしていることには意味があるのかもしれない。ただ、犯罪を犯して有罪判決を受けた人は、すでに公判を経て有罪判決を受けており、ほとんどの事実は公判の過程で裁判所に提出されているし、マス・メディアも取材により様々な事実を報道している可能性が強く、犯人しか知りえないような事実がどれほど残されているのか疑問であるし、犯人しか知りえない事実だからといってなぜその公表が禁じられなければならないのかも定かではない。それが本来公開されるべきではないプライベートな事実であれば、それを公表したことはプライバシーの侵害と言えるかもしれない。その事実が、有罪判決を受けた人が有罪とされた事実と直接関係がないのであれば、そのプライベートな事実を公表する必要はないとも言える。すでに見たように、このような事例であれば、あるいは民事で損害賠償ないし例外的な場合には差止めを求めうるかもしれない。しかしそれを超えて、これを刑罰でもって禁止することができるかどうかには疑問の余地もあろう。

また、犯罪に関する犯人の感情や思いなどは、もちろん犯人しかわからないものではあるが、それは事実に関する表現ではない。犯人の主観的な感情の叙述に過ぎない。いかにそれが被害者又は被害者遺族にとって不快であったとしても、その公表を禁止する正当で、やむにやまれないような利益は存在しないのではなかろうか。

しかも、もし禁止するとなると、被害者遺族は「犯罪に関する」表現行為をすべて禁止したいと思うものと推測されるが、このような「犯罪に関する」すべての表現の禁止は、当然過度に広汎すぎるのではないのかとの疑問を生じさせよう。対象となる「犯罪」がどのようなものかを問わずおよそすべての「犯罪」を対象にするのも広すぎるであろう。しかも、何が「関する」のかが不明確であり、どのような基準で「関する」かどうかを判断するのか定かではなく、しかもわずかばかりでも「関する」ならすべて禁止の対象となるというのでは明らかに禁止の範囲が広すぎるであろう。アメリカの「サムの息子法」の経験に照らし合わせても、対象となる犯罪を被害者に重大な危害を加える重大な犯罪に限定し、しかも対象となる人の範囲をその犯罪を理由にして有罪判決を受けている人に限定し、さらに禁止の対象となる表現行為も犯罪について実質的に記述しているなどある程度踏み込んだ記述があることが当然求められるべきであるし、あるいはその内容が被害者を著しく傷つけるような内容のものであることを求めるなどの限定も必要になるかもしれない。そうでなければ、禁止規定は到底支持されえないであろう。だが、こういった限定を施せば、実際に「サムの息子法」を適用できる例は極めて限られてしまい、被害者家族の求めるような効果は期待できないのではなかろうか。

このことを考えると、少なくとも、犯罪を犯して有罪判決を受けた人が、その犯罪に関して行うすべての表現行為を禁止することは難しいと思われる。[6]

## 誤った危険な考え方を広めることを阻止する

では、誤った危険な考えが、重大事件の動機となっているような場合に、そのような誤った危険な考えをさらに広げ、重大な事件やそれを起こした加害者を肯定ないし、礼賛する結果となり、同種の重大事件を招く恐れがあるという理由はどうであろうか。このうち、誤った危険な考え方が広まることを阻止するという目的は、憲法的には正当な政府利益とは思われない。憲法は思想の自由を保障しており、いかに思想が誤っているように思われたとしても、またそれが危険だと思われたとしても、それだけの理由で思想を禁止することは許されまい。誤った危険な考え方を主張することで、被害者、被害者家族あるいは被害者と同じ立場の人々が傷つくというのであれば、それは被害者ないし被害者家族の保護が目的となろう。ただ、表現によって誰かが傷つくというのは、基本的にはその表現を禁止すべき正当な利益とはなりえないと考えるべきだと思う。さもなければ、誰の気分も害しないような表現しか許されなくなり、そこにはもはや表現の自由はありえないからである。この場合、その誤った危険な考えが、ある種の少数者に対する憎悪(ヘイト)である場合には、このような表現はヘイトスピーチと捉えられる。従って、この場合には、犯罪加害者による表現の自由の問題を超えて、ヘイトスピーチの禁止の合憲性の問題を考慮しなければならない。ここで詳細な検討を加える余地はないが、ヘイトスピーチだからといってそれを禁止できるかどうかには、重大な問題がありうることだけを指摘しておきたい。さらに、もし重大な事件や加害者の行為を肯定し、それを礼賛する結果となり、同種の重大な事件を招くという理由であれば、それは違法な行為の煽動の事例に近い。とすると、問題の表現が違法な行為を直接煽動していて、その結果として重大な危害が発生する具体的な危険性(明白かつ現在の危険とも呼ばれる)がない限りは、とても表現の禁止は正当化されまい。

## 2 収益を剝奪する——立法目的

**犯罪者が犯罪で利益を上げないように確保する・被害者の救済を図る**

これに対し、犯罪を犯して有罪判決を受けた人が、その犯罪に関して表現行為を行った時、その収益を剝奪する法律の場合には、そのような法律は、犯罪を犯した人がその犯罪の結果利益を得ないよう確保するという利益と、被害者救済を図るという利益が、立法目的となろう。すでに見たように、アメリカでも、合衆国最高裁判所は、この二つの利益を正当で、やむにやまれない利益だと認めている。カナダでも、おそらくカナダ最高裁判所は、同様に判断するものと推測される。したがって、日本でも、犯罪を犯した人が犯罪を理由に不当に収益を上げることを阻止するという政府利益及び被害者の救済を図るという政府利益は、正当であり、しかも重要であり、おそらくやむにやまれないほど重要な利益だと言えるであろう。

ただ、すでに見たように、「サムの息子法」を正当化するために、双方の利益が存在していることが必要なのかどうかは定かではない。この点、例えば、収益を剝奪するタイプの法律であっても、収益を国が没収するという趣旨の法律と、その収益を被害者救済のためにエスクローする趣旨の法律がありうる。後者のタイプの法律であれば、犯罪を犯して有罪判決を受けた人が収益を受けるのを阻止するとともに被害者救済に充てられるので、双方の目的を達成することができる。これに対し前者の場合、犯罪を犯して有罪判決を受けた人が収益を受けることは阻止できるが、被害者救済にはならない。犯罪を犯した人が犯罪を理由に利益を得るべきではないという考え方は正当であるが、それが、犯罪行為から直接得られる利益や犯罪から得られた利益をもとにして得られた利益を超えて、その犯罪に関する表現行為から得られる収益まで没収することを正当化するほど、重要な利益かどうかには疑問があろう。

さらに、収益をエスクローして被害者救済に回すタイプの法律であっても、アメリカの一部の州やカナダのオンタリオ州及びモデル法案のように、被害者から申し出がなかった場合や有罪判決を受けた人が有罪の対象となった犯罪の被害者に支払った後収益が残った場合に、残りを州の歳入に帰属させる制度の場合、被害者救済が終わった段階でもはや被害者救済の利益はない。とするとその段階では、犯罪を犯した人がその犯罪の結果利益を得るべきではないという考え方だけが、収益剝奪の正当化利益となる。合衆国最高裁判所の立場は定かではないが、犯罪の直接的な結果得られる収益とは異なり、有罪判決を受けた人がその犯罪に関する表現行為から得られる収益をも、この同じ考え方によってすべて剝奪しうるかどうかには異論もありえよう。

これに対し被害者救済は、確かに正当でしかもやむにやまれないほど重要な利益と言える。したがって、単に犯罪を犯した人が犯罪から利益を得るべきではないという考え方に加えて、被害者救済を図ることを目的としていれば、「サムの息子法」が許される余地もあろう。ただ、「サムの息子法」を制定するために、被害者救済の利益がどれほど重要なものであることが必要なのかが問題となりうるかもしれない。例えば、国民の重大な利益に関するような重大事件とは言えない些細な事件でも適用が正当化されるか、また被害者の救済という観点があまり作動しない、例えば公務執行妨害罪などでも適用が正当化されるかどうかといった点で問題となろう。この点では、日本では、アメリカのような重罪と軽罪の区別は存在しない。したがって、日本で適用対象を重大な犯罪に限定するとすれば、科されている刑の重さから見て、重い刑罰が科されている犯罪に限定するなどの工夫をすることが必要となろう。これに対し、加えられている刑が重いものに限定して適用の対象を定めると、被害者がはっきりしないような犯罪でも適用対象となる可能性があり、その場合には被害者救済という政府利益は必ずしも説得的とはいえない可能性がある。他方、被害者に対する暴力を伴った犯罪や被害者に重大な生命ないし身体的損害を与える犯罪などに限って、法律の適用を認めていれば、被害者救済という目的には適合的かもしれない。ただそうすると財産的被害の犯罪には適用されないことになり、異論がありうることになる。しかし、やはりある程度重大な被害のある犯罪に対象は限定されるべきなので、やむをえないかもしれない。

この点、アメリカでは、被害者から申し出がなかった場合や有罪判決を受けた人が有罪の対象となった犯罪の被害者に収益を支払った後収益が残った場合に、残りを一般的な被害者救済基金に回すところもある。ブリティッシュ・コロンビア州でも、具体的な被害者の救済を図ったのち残された収益は、一般的な被害者加算金特別会計に回される。この場合、被害者救済の利益は、犯罪を犯して有罪を受けた人が犯したその犯罪の被害者の救済の利益ではなく、被害者一般の救済の利益である。このような被害者一般の救済の利益では、被害者救済の利益としては十分とは言えないのではなかろうか。

このことに照らすと、やむにやまれない利益というため、犯罪を犯して有罪判決を受けた人が犯罪から利益を受けないよう確保するという利益と、被害者救済の利益が双方存在するのは、収益を剝奪して、有罪判決を受けた人が有罪判決を受けた犯罪の被害者の救済に回す場合であり、その被害者から申し立てがなかった場合や、その犯罪の被害者の救済が終わった後は、有罪判決を受けた人に残りの収益を返還する場合だけだと考えるべきであろう。

### 両方の利益は本当に一致するのか

ただし、「サムの息子法」の立法目的として、犯罪を犯した人は犯罪によって利益を得るべきではないという考え方と、被害者救済という考え方の双方が想定されるが、両者が果たしてぴったりと適合するのかどうかには疑問もありうる。というのは、「サムの息子法」は、犯罪を犯して有罪判決を受けた人が、その犯罪について表現行為を行うことを抑止する結果を必然的に持つから、あげられる収益を被害者救済に充てるという立法目的との間には微妙に矛盾したものがあるのではないかとも考えられる。[7] 被害者救済を図るという観点からは、犯罪を犯して有罪判決を受けた人が、その犯罪について表現して収益をあげればあげるほど被害者救済に寄与するのであり、本来有罪判決を受けた人が犯罪について表現することを抑止すべき理由はないはずだからである。[8] むしろ、被害者救済という観点からは、有罪判決を受けた人が犯罪について表現行為を行って収益をあげることを積極的に奨励する手段こそが望ましいかもしれない。

だが、おそらく、犯罪を犯して有罪判決を受けた人が、その犯罪について表現行為を行って収益をあげることを積極的に促進する者は、あまりいないのではないかと推測される。どちらかといえば、被害者遺族は、できればそのような表現行為を禁止したいと思っているのであろう。それゆえ、彼らには収益を上げることを促進する意図はないものと思われる。

とすると、本当は、被害者救済は、「サムの息子法」の主たる目的ではないのかもしれない。それはあくまで、犯罪を犯した者は犯罪から利益を得るべきではないという考え方が主たるもので、本来はそのような収益を上げられないようにするのが望ましいが、もし収益があった場合にはせめて被害者の救済に回すのが妥当だという考え方なのかもしれない。

そうだとすると、犯罪を犯した人がその犯罪から利益を得るべきではないという考え方だけで、「サムの息子法」を正当化しうるかどうかを問題としなければならないかもしれない。しかし、すでに述べたように、犯罪を犯して直接得られる利益とは異なり、犯罪の結果その犯罪について表現して得られる利益までも、すべて収奪することを正当化できるかどうかは疑問である。やはり、この利益に加えて、有罪判決を受けた犯罪の被害者の救済を図る限りにおいてのみ、正当でやむにやまれない利益と言えると考えるべきであろう。

## 本当に必要なのか

また、アメリカの「サムの息子法」についても、法律は確かに多くの州で存在するが、実際にそれが適用されることは極めて稀であり、果たしてそれほど必要性があるのかどうかには疑問がある。[9] しかも、「サムの息子法」の存在にもかかわらず、犯罪を犯して有罪判決を受けた人がその犯罪に関して収益をあげることを阻止できていない点を見ると、この種の法律がどれほど実効的なのかどうかにも疑問がないわけではない。[10] 逆に言えば、このような法律がどれほど必要なのかが問題とされうるかもしれない。

しかも、犯罪被害者は、加害者に対して損害賠償請求訴訟を提起することができ、場合によっては加害者がその犯罪について表現して得た収益をも損害賠償で回収することができる。[11] とすれば、被害者の救済は民事訴訟で図ればよく、「サムの息子法」の必要はないとも考えられる。[12] 確かに、加害者が加害行為を行ってから期間が経って、例えば服役を終えた後に、表現行為を行うかもしれず、その場合には不法行為訴訟の時効によって新たな損害賠償請求はできない可能性がある。[13]「サムの息子法」は、その点では、収益の存在を知った時から五年間の間（現在は三年間の間）に訴訟を提起すればいいから、被害者の救済には寄与するであろう。ただ、もしそうであれば、犯罪被害者が犯罪加害者に対して不法行為の損害賠償請求をする時効期間をもっと長くするか、あるいはなくせば、ほとんどの問題は解決するかもしれない。そうであれば、「サムの息子法」の必要性はないのかもしれない。とすると、果たして、犯罪を犯して有罪判決を受けた人がその犯罪に関する表現行為によって得た収益をエスクローしたり強制的に信託に付したりすることを義務付けるほどやむにやまれない利益があるのか疑問かもしれない。

またすでに見たように、被害者の家族が損害賠償請求をし、あるいは刑事裁判の中で損害賠償命令を求め、損害賠償義務が判決で確定していれば、一〇年間の時効にもかかわらず、時効の中断を申し立てることによって、事実上半永久的にその賠償義務に基づいて賠償を回収することができる。ただ、これも時効の中断を申し立てなければならないので、その限りでは被害者の家族には負担と言えるかもしれない。もしその負担を除きたければ、確定判決で確定した犯罪加害者の賠償責任に関する時効を撤廃することも考えられる。そうすれば、「サムの息子法」の必要性はなくなるかもしれない。

ただ、殺人事件などの重大な犯罪の被害者の家族の立場からすれば、賠償金を得るためには裁判所に訴訟を提起し(しかも時効期間内に提起する必要がある)、場合によっては、資産の保全の申し立てを行い、さらに確定判決を得ても、それを執行するためにはしばしば時効の中断を求めて訴訟を提起せざるを得ないということは、かなりの負担かもしれない。そこで、政府の被害者救済機関が被害者家族に代わって何らかの措置をとることの必要性は認められるかもしれない。

ただし、現在のように国から犯罪被害者給付金の支給を受けた場合には、国が被害者家族の損害賠償請求権をその限りで取得するから、実際には、犯罪を犯して有罪判決を受けた人に対する損害賠償請求にしても、確定判決の時効の中断の申し立てにしても、その負担は被害者家族ではなく、国によって負担されることになろう。被害者家族の立場であれば訴訟の提起や時効の中断の申し立てを強いるのは酷だとしても、その負担を実際に担うのが国であれば、国に負担を負わせてもそれほど酷とまでは言えまい。とすると、このように実質的に国が訴訟提起などの負担を担っている場合にまでは、特別な措置の必要性は認められまい。

さらに、損害賠償請求にしても、確定判決に基づく損害賠償の回収にしても、日本の現在の法律では、被害者の家族への賠償を優先する仕組みは存在しない。この点、「サムの息子法」は、犯罪を犯して有罪判決を受けた人がその犯罪に関して表現行為を行って収益を得た場合に、それを剝奪し、被害者への賠償に優先して回す効果を持つ。これは、被害者の家族には極めて効果的かもしれない。

それゆえ、犯罪を犯して有罪判決を受けた人から賠償を得るために、被害者家族に訴訟の提起と、時効の中断の申し立ての負担が要求される限りにおいて、そして犯罪被害者への賠償をそのほかの債権者に対して優先するための措置が存在しない限りにおいては、あるいは「サムの息子法」の必要性を主張しうるかもしれない。

## 3　収益を罰金として徴収又は没収する

**手段は必要不可欠ないし必要最小限度に限定されているか**

では、このような立法目的を達成するための手段は、必要不可欠ないし必要最小限度に限定されているであろうか。

犯罪被害者又はその家族の感情を保護するという目的が正当でやむにやまれない利益とは言えない以上、有罪判決を受けた人がその犯罪について表現することを禁止することはできない。したがって、許されるとすれば、やはり有罪判決を受けた人がその犯罪について表現することから得られる収益を剝奪するほかない。犯罪を犯して有罪判決を受けた人が犯罪の結果利益を受けることを防ぐという目的と、犯罪被害者及びその家族の救済を図るという目的が正当で、重要な、やむにやまれない政府利益だと言えるとすると、そのような利益を図るためにどのような手段が正当化されるのかが問題となる。まず、このような収益を罰金として徴収する制度及び没収する制度から検討してみよう。

## 収益を罰金として徴収する

すでに見たように、ブリティッシュ・コロンビア州法のように、対価の支払いを禁止し、さらに対価の受領を禁止しておいて、その違反行為に対して対価の金額を罰金として科した場合、対価は罰金として徴収される。ただし、この罰金は、被害者救済に充てられるわけではない。したがって、原則としては、罰金としての徴収制度を正当化する政府利益は、犯罪を犯して有罪判決を受けた人が、その犯罪の結果利益を得ることを防ぐという目的しかない。

ただし、日本では罰金の上限額は法律で定められるのが通例であり、対価の金額に応じて対価の限度で罰金を科すというのは、極めて例外的である（例えば、所得税法第二三八条第二項などは、所得税を免れた額が一定以上である場合に、その額に相当する金額の罰金を科している）。しかし、法律で定めれば、不可能ではないが、犯罪の重大さと比較して、罰金として科される金額があまりに巨額に過ぎないのかは問題となりうるであろう。

### 収益を課徴金として徴収する

次に、まず犯罪を犯して有罪判決を受けた人の表現行為に対して報酬の支払いを禁止し、さらにその報酬の受領を禁止しておいて、それに違反した場合には、その報酬の金額を課徴金として徴収するという制度も考えられる。課徴金とは、刑罰ではない行政的な制裁金である。すでに見たように、ニューヨーク州では収益があった場合の通知義務に違反した場合には課徴金が課されているが、これを収益受領禁止違反、収益付与禁止違反にも及ぼすことは可能であろう。この場合、この徴収された課徴金は被害者救済のためには使用されない以上、それ自体としては被害者の救済を図るという政府目的は援用できない。援用できるのは、犯罪を犯した者はその犯罪から利益を得るべきではないという目的だけである。しかし、犯罪を犯した者はその犯罪から利益を受けるべきではないという考え方だけで、このような間接的な利益まで剝奪できるかどうかは疑問であろう。

しかも、たとえ極めて間接的にであれ犯罪の結果としての利益はすべて剝奪すべきだという考え方が支持されたとしても、それを表現行為に限定する理由は全く見当たらない。それゆえ、犯罪を犯して有罪とされた人がその犯罪に関して行った表現行為から得る収益だけを課徴金の対象とすることは到底正当化されないであろう。その上、課徴金が課されても、収益を州の機関に引き渡さなければならない債務は免除されない。ということは、犯罪を犯して有罪判決を受けた人の表現行為に対して報酬を支払った場合、その金額に応じた課徴金を課される上に、さらに報酬額の分の債務が残ることになる。報酬を受け取った側も、同様である。果たして、このような金額の課徴金が、制裁ないし不利益の付加に必要な比例性を欠いていないかどうかには疑問もありえよう。

さらに、後述するように、そもそも犯罪を犯して有罪判決を受けた人に対して報酬の受領を禁止することでさえ、果たしてそこまで必要なのか疑問がある上に、報酬を支払う側にまで、刑罰でもって禁止するのは、あまりにも過大な負担であり、とても必要不可欠な又は必要最小限度の制約とは言えないであろう。

### 表現行為から得る収益のみを没収する

では、アメリカの連邦法のように、犯罪を犯して有罪判決を受けた人が、その犯罪に関する表現行為から得る収益のみを狙って没収するという制度はどうであろうか。これは刑事没収である。この場合、犯罪に用いられた凶器や犯罪の結果得られた財産などに加えて、このような収益のみを没収することになる。

しかし、すでにみたように、このような特定の表現内容に向けられた没収制度は、表現の自由に対する表現内容に基づく制約であり、これは厳格審査をクリアしない限り正当化されない。ところが、すでにアメリカについて指摘したように、犯罪を犯して有罪判決を受けた人が犯罪から利益を得ることを防ぐという目的にしても、犯罪被害者及びその家族の救済を図るという目的にしても、その目的を達成するためには、犯罪を犯して有罪判決を受けた人が、その犯罪に関する表現行為から得る収益だけを没収する必要性はない。それゆえ、このような表現内容に基づく制約は到底正当化されないのではないかと思われる。

たとえ、犯罪を犯して有罪判決を受けた人が、その犯罪に関する表現行為から得る収益だけを没収することが許されたとしても、アメリカの例に照らしても、やむにやまれない利益というためには、かなり強い政府利益が存在する場合にのみ限定されるべきである。したがって、収益を没収することができるのは、重大な犯罪であって、被害者に重大な被害が存在していて、被害者救済の必要性がとりわけ強いような事例に限定されるべきである。しかも、適用対象は、やはり裁判で有罪判決を受けた人に限定することが必要であろう。さらに、その適用は、その加害者が有罪判決を受けた犯罪に限定される必要がある。

さらに、犯罪を犯して有罪判決を受けた人がその有罪判決を受けた犯罪について触れている場合にも、脚注や文献リストの中で触れるだけのように、単に束の間に言及しているだけのような場合にまで収益を没収しうるかどうか疑問である。犯罪を犯して有罪判決を受けた人が、有罪判決を受けたその犯罪について実質的に触れているような表現活動によって得られる収益など、その犯した犯罪とかなり密接な関連性のある収益に限って適用が認められるべきであろう。その上、犯罪を犯して有罪判決を受けた人が、その有罪判決を受けた犯罪に関して表現して得られる収益であっても、その表現が被害者をさらに傷つけることを目的としているのか、あるいはそのような内容なのか、つまり搾取的な表現行為なのか、それとも贖罪のために表現しているのかにかかわらず、表現行為から得られる収益をすべて没収するだけの正当な利益が存在するかどうかも疑問かもしれない。とすれば、犯罪を犯して有罪判決を受けた人が、犯罪行為を利用してさらに被害者又は被害者家族を傷つけるような形で得た収益だけを没収すべきで、有罪判決を受けた人が収益を上げた動機がそのように責められるべきものではない場合には、収益を没収すべきではないとも考えられる。

このように考えると、犯罪を犯して有罪判決を受けた人から、その犯罪に関する表現行為から得られる収益に限定して収益を没収することは極めて困難であり、たとえ没収することが許されることがあったとしても、それは極めて限られた場合に限定され、法律の上でこれらの限定がはっきりとしていない限りは、没収を定める法律はとても支持されないであろう。

### 表現による収益を「犯罪の収益」の一環として没収する

次に、このような収益を、「犯罪の収益」の一環として国庫に没収する制度が考えられる。これも刑事没収である。

この場合には、犯罪を犯して有罪判決を受けた人が、その犯罪に関する表現行為から得る収益だけを狙い撃ちにして収益を没収してはいない。それゆえ、全ての犯罪の収益が没収される結果として、このような犯罪を犯して有罪判決を受けた人がその犯罪に関する表現行為から得る収益をも没収されるとしても、それは表現内容中立的な制約と言える。したがって、このような制約であれば、重要な利益を達成するための必要最小限度の制約であれば正当化される可能性があろう。

この点、このような収益をまず伝統的な意味での「犯罪の収益」として没収できるかどうかという問題が提起される。サイモン・シュスター事件で合衆国最高裁判所は、犯罪を犯して有罪判決を受けた人がその犯罪に関して行った表現行為を理由に得た収益が、没収の対象となる「犯罪の収益」と言えるのかどうかの判断を留保した。[14] したがって、可能性としては、これを伝統的な意味での犯罪の結果得られた利益として没収の対象とする可能性は残されていると言えるかもしれない。

しかし、殺人行為の結果得られた利益、例えば殺された人の遺産の相続だとか、生命保険金の受領だとかの場合と異なり、これは犯罪行為に関する表現行為によって得られた収益であり、これを通常の意味での「犯罪の収益」ということは困難であろう。[15] カナダの連邦法の没収制度の改正の試みについて見たように、もしこれをも「犯罪の収益」として没収の対象とするのであれば、法律を改正し、これをも「犯罪の収益」の定義の中に含ませる他ないのではないかと思われる。

ただし、その場合、そもそも犯罪の結果として得られるかもしれない利益をすべての犯罪について没収することが許されるべきかどうかが問題となろう。犯罪の結果直接的に利益を得る場合や、犯罪の結果得られた利益をもとにして更に収益を上げたような場合であれば、その利益を剝奪してもよいとすることについては、反対は少ないかもしれない。ただ、現在は、このような犯罪の収益は一定の組織的犯罪に限られていることから見て、やはりそこまで犯罪の結果としての収益を没収することは、あくまで例外的に、一定の特に悪質な犯罪に限定されると考えられているのではないかと思う。それを一般の殺人罪や傷害罪などにも拡大すべきかどうかは、難しい問題である。

没収制度が、犯罪を犯して有罪判決を受けた人が犯罪に由来して得たすべての収益を対象としていれば、たとえ結果的にそれにより犯罪に関する表現行為からの収益にも適用され、それが没収されたとしても、それは表現内容に基づく制約とは言えない。表現内容中立的な制約であれば、重要な利益を達成するための必要最小限度の制約と言えれば、正当化されうる。おそらく、犯罪を犯して有罪判決を受けた人が、間接的であっても、犯罪に由来して収益を上げることを阻止する必要があるとして、そのような制度を採用したとした場合、その政府利益の正当性を否定することは難しいし、おそらくそれは重要な利益だということはできよう。ただし、それがやむにやまれないほど圧倒的な利益である必要はないとしても、重要な利益であることは必要である。やはり、没収の対象は、重大な犯罪に限定されるべきであるし、有罪判決を受けた犯罪に由来する収益に限定されるべきであるし、しかも収益と犯罪との関連性についても、ある程度実質的な関連性があることが要求されるべきであろう。

しかも、表現内容中立的な制約であったとしても、手段は必要最小限度であることが求められる。果たして、有罪判決を受けた人の犯罪に由来する収益をすべて没収することが必要最小限度と言えるかどうかには、疑問がありえよう。カナダで問題とされているように、有罪判決が確定しても、なお無実を主張し、再審に望みをかけるために弁護活動に力を入れる被告人もいる。このような弁護活動に必要な収益までも剥奪すべきなのかどうかは疑問が提起されうる。[16] すべての犯罪に関する収益を剥奪しても、被告人の弁護人依頼権を侵害するものではないという声もある。しかし、実際に、有罪判決を受け、有罪判決が確定しても、何年にもわたる再審を求める運動の結果最終的に無罪となる人もいる。そのような運動は、多くの人の寄付によって支えられている。被告人あるいは受刑者が自らその運動の足しにするために収益を回すこともありうる。それをすべて否定することが妥当かどうかには疑問もあろう。

しかも、この場合、犯罪を犯して有罪判決を受けた人が得る収益をどの範囲で没収するのかという難しい問題を生じさせる。何らかの意味で犯罪の結果得る収益に限定するにしても、どのようにして収益が犯罪の結果かどうかを判断するのは簡単ではないかもしれない。

実際、元少年Aの『絶歌』出版以前にも、有罪判決を受けた人が表現行為を行った例は日本でもある。最も著名なのは、連続ピストル殺人犯の永山則夫であろう。彼は、一九六八年から一九六九年にかけて、米軍基地から盗み出した拳銃を使用し、四人を殺害して有罪となり、最終的に死刑が確定した。逮捕の時点では、彼は一九歳一〇カ月の未成年であった。死刑執行の一九九七年までの間に、彼は独学で執筆活動を開始し、『無知の涙』や『人民を忘れたカナリアたち』などの作品を公表した。印税は被害者四人の遺族に支払ったと言われている。さらに、一九八三年には小説『木橋《きはし》』で第一九回新日本文学賞を受賞している。一九八一年にはフランスのパリで、オランダ人留学生を殺害して強姦し、さらに人肉を食べるというショッキングな犯罪を犯して起訴された佐川一政も、フランスでは心神喪失で不起訴処分となり、精神病院に措置入院され、退院後日本に帰国したが、彼も多数の書籍を出版している。特に『霧の中』(彩流社、二〇〇二年)は事件の一部始終を再現した内容である。これ以外にも、イギリス人リンゼイ・アン・ホーカーさんを殺害して逃亡し、二年以上にわたって逃亡生活を繰り返した市橋達也は『逮捕されるまで——空白の二年七カ月の記録』(幻冬舎、二〇一一年)を出版している。最終的に逮捕され、強姦罪、殺人罪、死体遺棄罪で有罪となり無期懲役が確定している。彼は本の印税を被害者家族に支払いたいと申し出たが、家族は受け取りを拒否している。これ以外にも、例えば安部譲二の『塀の中の懲りない面々』(文藝春秋、一九八六年)なども、服役した経験に基づく自伝的小説であり、堀江貴文の『刑務所なう。完全版ホリエモンの獄中日記五〇四日』(文春文庫、二〇一四年）なども獄中記である。これらも犯罪について直接書いた書籍ではないが、犯罪を犯して刑務所に入れられたから出せた書籍でもある。その意味では、これらも犯罪に由来する収益と言えないわけではない。これらの収益も没収すべきであろうか。

このように犯罪を犯して有罪判決を受けた人が、その犯罪に関して、あるいはその犯罪の結果として本を出版した事例は、少なくない。もし犯罪を犯して有罪判決を受けた人が表現行為を行って得る収益を問題とするなら、これらの事例のすべてに適用するのか、それともそうでないのか、どこで境界線を引くのかを判断する必要に迫られよう。

## 行政目的を達成するために収益を没収する

では、犯罪を犯して有罪判決を受けた人が犯したその犯罪の結果としての「犯罪の収益」ではないとしても、受け取ることが適切ではない利益として行政目的を達成するために没収の対象とすることは可能であろうか。

すでに見たように、アメリカやカナダでは、民事没収制度が存在し、例えば大麻の製造に使用している家屋なども、たとえその所有者が刑法違反で有罪とされていなくても没収することが可能である。したがって、このような場合、没収は、刑罰の一つとしてではなく、大麻の製造を防止するという行政目的の達成のための措置としての意味を持つことになる。

すでに見たように、日本にはこのような民事没収制度は一般的に存在しない。それゆえ、日本では、没収するとすれば、新たにこのような制度を導入しなければならない。ただ、例えば関税法では、輸入してはならない貨物が列挙されており、税関でそれらに当たる貨物を発見した場合には、没収して廃棄することができる。[17] これと同じように、犯罪を犯して有罪判決を受けた人が、その犯罪に関する表現行為によって得る収益を、犯罪を犯して有罪判決を受けた人が犯罪の結果として利益を受けることを防ぐという行政目的を達成するために、没収するということは可能であろう。

しかし犯罪の結果としての収益の刑事没収について述べたように、犯罪を犯して有罪判決を受けた人が、その犯罪に関する表現行為から得る収益のみを狙って、このような行政没収を導入することは、表現の自由に対する表現内容に基づく制約となり、許されないのではないかと思われる。たとえそれが許される場合があったとしても、実際にそれが許されるのは、すでに述べたように、それが表現内容に基づく制約である以上、極めて限られた事例でなければならない。これに対し、犯罪を犯して有罪判決を受けた人が得る収益を、その犯罪に関する表現行為に対する対価かどうかにかかわらず没収する場合には、表現内容中立的な制約であり、重要な利益を達成するための必要最小限度の制約であれば許される。しかし、すでに見たように、たとえ表現内容中立的な制約であっても、重要な利益を達成するための必要最小限度の制約である必要があり、やはりそれが許される場合は極めて限定されなければならない。しかも、すでに述べたように、収益が犯罪の結果として得られたものかどうかをどのような基準で決定すべきか、難しい問題が残されている。

その上、アメリカでもカナダでも、民事没収制度についてはその乱用が指摘されている。例えば大麻製造のために使用されている家屋の没収の場合など、その所有者が、刑法違反で有罪とされていなくても没収されうるし、刑事事件のような合理的な疑いを超えた証明の必要性もなく、通常の証拠の優越で没収が認められてしまう結果、刑事裁判で無罪とされても、さらには起訴さえされていなくても、没収が可能である。犯罪を犯して、その犯罪の結果得られた収益を没収するのにも、有罪判決も不必要で、民事訴訟の通常の証拠の優越でもって没収が認められることになると、同じように乱用の恐れがあるのではなかろうか。日本でこのような民事没収制度を、とりわけ犯罪を犯した加害者からその犯罪の結果としての収益を没収するために導入することについては、慎重に検討することが必要であろう。

## 4　収益をエスクローする

### どのような場合であれば、収益のエスクローが許されるか

では、犯罪を受けて有罪判決を受けた人が、その犯罪に関して表現行為を行った場合に、その収益を剝奪してエスクローし、被害者の救済に充てる制度はどうであろうか。このような制度をとるにしても、このあと述べるように、様々な可能性がある。

すでに没収制度について見たように、犯罪を犯して有罪判決を受けた人の、その犯罪に関して行った表現行為からの収益に限定してこのような制度を樹立することは、とても正当化されないのではないかと思われる。というのは、このような制度は、表現の自由に対する表現内容に基づく制約であり、やむにやまれない利益を達成するために必要不可欠な場合を除いて許されるべきではない。ところが、犯罪を犯して有罪判決を受けた人が、犯罪の結果利益を得ないようにし、被害者及びその家族の救済

を図るためには、その犯罪に関する表現行為から得る収益に限定する必要性は全く存在しないからである。

たとえ、犯罪に関する表現行為からの収益だけに限定することが許されるとしても、それが表現内容に基づく制約である以上、やむにやまれない利益を達成するための必要不可欠の手段であることが必要である。それゆえ、収益をエスクローすることが許されるのは、重大な犯罪を犯して、裁判の結果有罪判決が確定した人に限られるべきであろう。さらに、その犯罪は、被害者がはっきりとしている犯罪であるべきであり、被害者がいない又ははっきりしない犯罪は対象とされるべきではない。しかも、収益をエスクローしうるのは、犯罪を犯して有罪判決を受けた人がその犯罪に関して行った表現行為の中でも、犯罪に実質的に関連するような表現行為に限られるべきであり、さらに、搾取的な収益に限定されるべきであろう。

これに対し、犯罪を犯して有罪判決を受けた人に、犯罪に関連して、あるいは犯罪に由来して何らかの収益があった時に、それが犯罪に関する表現行為からの収益かどうかにかかわらず、収益をエスクローする制度の場合は、表現内容に基づく制約とは言えない。しかし、それでも、結果的に表現の自由が制約を受けることは否定できないから、このような表現内容中立的な制約の場合には、重要な利益を達成するための必要最小限度の制約であることが要求されるべきであろう。この場合は、正当化利益はやむにやまれないほど圧倒的であることは必要ではない。しかし、重要な利益というためには、ある程度被害者保護の必要性が高い事例に限定される必要があろう。それゆえ、収益をエスクローしうるのは、あくまで重大な犯罪であって、被害者がはっきりしているような犯罪に限定されるべきであり、エスクローの対象となる収益も、有罪判決を受けたその犯罪に由来する収益に限定されるべきであり、さらに収益と犯罪との関連性も、ある程度実質的な関連性があることが求められるべきであろう。いくら被害者救済のためとはいえ、犯罪との関連性があまりに低いものにまでエスクローの対象を広げることは疑問であろう。

しかも、収益をエスクローするための制度にも、実は色々な制度がありうる。それが表現内容に基づく制約であれば、手段は必要不可欠なものでなければならない。もしそれが表現内容中立的な制約であれば、少なくとも手段は必要最小限度のものでなければならない。では、どのような制度であれば、許されるであろうか。

**通知義務**

このような被害者救済のために収益を剝奪するための具体的な手段としては、すでに見たように、犯罪を犯して有罪判決を受けた人に収益があった場合あるいは報酬を伴う契約が締結された際に、国の救済機関、例えば被害者救済委員会ないし被害者救済機関への通知を求め、この被害者救済委員会ないし被害者救済機関から被害者家族に収益を通知し、被害者家族に裁判所に損害賠償訴訟の提起を促すことが考えられる。被害者家族は、裁判所に訴訟を提起して、もし必要があれば仮の処分を求めて、収益の保全を図ることができる。そして損害賠償が認められた場合には、その収益から支払いに充てることになる。さらに、すでに被害者家族が損害賠償訴訟を提起していて、その判決が確定していれば、新たな収益の存在が告知されれば、その収益で賠償金を回収することができる。

おそらく、一定の重大な犯罪については、犯罪を犯して有罪判決を受けた人が犯罪の結果として利益を得るべきではないという考えに加えて、被害者の救済を図るという目的は正当なやむにやまれないような利益だと言えると思う。したがって、少なくとも、犯罪を犯して有罪判決を受けた人に対して、収益があった場合又は予定されている場合に、被害者救済委員会又は被害者救済機関への通知を義務付けることは憲法第二一条に反しないであろう。

とすれば、収益の通知だけがあれば、十分目的は達成できることになるかもしれない[18]。このように考えると、被害者救済を図るのであれば、犯罪を犯して有罪判決を受けた人に対する収益があった場合又は収益を伴う契約を締結した、有罪判決を受けた人に対し、契約及び収益の事実の通知だけを求めればよく、それ以上の措置の必要はないとも考えられる。

ただ、すでに見たように、犯罪被害者の家族の立場では、家族の一員が犯罪の被害にあっただけではなく、さらに損害の賠償を求めるために時効が成立しないうちに訴訟を提起するという大きな負担を背負うことになる。犯罪を犯して有罪判決を受けた人に、犯罪の結果として収益があった時に、それを回収するためには判決を執行しなければならないし、確定判決の債権が時効にかからないよう、時効の中断も求めなければならないという負担を背負うことになる。これは、犯罪被害者の家族にとっては、大きな負担かもしれない。少なくとも、犯罪被害者の損害賠償請求権が、犯罪被害者給付金の支給に伴って国によって遂行されない限りにおいては、これら被害者及びその家族にさらなる負担を背負わせないという、重要な、やむにやまれないとも言える利益はあるかもしれない。

また、被害者家族が訴訟を提起し、仮の救済を求める以前に、収益が有罪判決を受けた人に支払われ、有罪判決を受けた人がそれを使ってしまうなど、収益を浪費してしまう可能性がある。そうすると、結果的に被害者の救済が図られない。もし被害者救済をより確実にしようと考えるなら、国の被害者救済機関などが、被害者家族による訴訟提起及び仮の救済の求めに先立って、仮の救済を求める、ないし収益を擬制信託ないし強制的信託に付す、あるいは裁判所に明示的な信託の設定を求めて申し立てをするなど、それ以上の措置を考えなければならない。

また、犯罪を犯して有罪判決を受けた人に対して他に債権者がいる場合には、犯罪被害者及びその家族への賠償が優先されない場合には、犯罪被害者及びその家族の救済は十分図れない可能性がある。とすれば、被害者への賠償を優先するような措置をとる利益はあるかもしれない。

## 国の被害者救済機関による提訴

そこでまず、被害者救済をより確実に確保するための措置としては、被害者による裁判所への提訴及び仮の救済の申し立てに先立って、国の被害者救済機関が仮の救済又は収益のエスクローを求める訴訟を提起するという仕組みが考えられる。すでに見たように、ニューヨーク州では、州の被害者救済機関が仮の救済を求めることができ、オンタリオ州では、収益があった時に、法務総裁が被害者に代わって、収益をエスクローする訴訟を提起することができ、さらに訴訟の中で収益保全の必要性があれば、裁判所に仮の救済を求めることができる。ニューヨーク州の場合、他の救済手段が用いられたかどうかの説明が求められるが、オンタリオ州の場合には、その必要もない。このような制度が許されるかどうかは、被害者家族に代わって、州の法務総裁や被害者救済機関が訴訟を提起して、収益をエスクローすることや仮の救済まで求める必要性が本当にあるのかどうかにかかっている。

おそらく、被害者救済を確保するためには、単に通知義務を負わすだけではなく、収益が有罪判決を受けた人に支払われないように確保し、有罪判決を受けた人がその収益を浪費しないよう確保するために何らかの措置が必要であろう。また、犯罪被害者及びその家族への賠償を優先するためにも、このような措置は有益かもしれない。その意味では、被害者救済機関に裁判所への仮の救済の申し立てを認めることは合理的な措置と考えられる。ただ、そのような仮の救済としてどのような措置がありうるのかによって、単に保全を命じるだけではなく、有罪判決を受けた人から収益をエスクローし第三者の管理のもとにおき、保全を図ることも必要となるかもしれない。とすれば、被害者救済機関に、収益をエスクローし、第三者の管理のもとに置くための訴訟の提起を認めることも正当化されるかもしれない。おそらくこのような訴訟は実質的に、明示的な信託の設定を求める訴訟になるものと思われる。その意味では、有罪判決を受けた人に対する収益を伴う契約が締結された段階で、被害者救済機関が収益を明示的な信託に付すような裁判所の命令を求め、それによって収益を剝奪することになろう。

したがって、被害者救済機関による裁判所に対する一時的な仮の救済の申し立て、あるいはさらに被害者のために裁判所に明示的な信託の設定を求める訴訟の提起を認めることは、必要不可欠な措置といえるかもしれない。

　では、当初のニューヨーク州法やその制度を受け継いだ多くの州法のように、収益があった場合に、収益を自動的に擬制信託ないし強制的に信託させることも許されるであろうか。このように擬制信託ないし強制的信託に付される結果、犯罪を犯して有罪判決を受けた人と、その犯罪に関する表現行為の契約をした出版社は、有罪判決を受けた人ではなく、州の被害者救済機関や法務総裁などに、対価を支払うことを義務付けられる。

　手段が必要不可欠なものであることが必要な表現内容に基づく制約の場合、とられた手段より表現の自由の侵害の度合いが低い代替手段によって目的が十分達成できるのであれば、当然とられた手段は必要不可欠とは言えない。すでに述べたように、被害者救済という目的から言えば、収益があった時に犯罪を犯して有罪判決を受けた人に通知を義務付け、さらに被害者救済機関による仮の救済の申し立てないしはさらには明示的な信託を求める訴訟の提起を認めることで、目的は達成しうるのではないかと思われる。とすれば、それを超えて、収益があった時に自動的に擬制信託ないし強制的信託に付す必要性まではないのではなかろうか。

　さらに、表現内容に基づかない表現内容中立的な制約の場合にも、とられる手段は、必要な最小限度であることが求められる。やはりより制限的でない代替手段が存在するのであれば、制約は正当化されないと考えるべきだと思われる。とすれば、犯罪を犯して有罪判決を受けた人が犯罪に関して行った表現行為からの収益だけに限らず、犯罪の結果としてのすべての収益に対して擬制信託ないし強制的信託を義務付けるような、表現内容中立的な制約の場合であっても、果たしてそこまで手段として必要なのかどうか疑問とすることもできるのではなかろうか。

ただ、擬制信託又は強制的信託に付しても、それだけでは、収益は法律上擬制信託又は強制的信託された財産とみなされるだけで、それを実際に回収し、被害者への支払いに充てるためには、収益を回収する措置が必要となる。とすれば、実際には、擬制信託又は強制的信託しても、被害者救済機関が裁判所に申し立てを行い、収益を剝奪して自己又は第三者の管理下に置く措置を求めなければならない。とすると、このような擬制信託又は強制的信託の場合であっても、結局は被害者救済機関に収益を剝奪し、自己又は第三者の管理のもとに置くことを求める訴訟の提起を認めるのと同じことになるかもしれない。違いは、擬制信託又は強制的信託の措置がとられれば、収益はその段階で擬制信託又は強制的信託に付されたものとみなされる点だけである。そうすれば、たとえ報酬が有罪判決を受けた人に支払われた場合にも、その報酬は信託財産であって、有罪判決を受けた人が使うことのできる個人財産ではないと考えることができる。

しかし、それでも、収益があっただけで自動的にその収益を擬制信託ないし強制的信託に付すことが果たして本当に必要なのか、またそれが妥当なのかは疑問なのではなかろうか。しかも、このような制度は、手続的にも問題を含んでいる。被害者救済機関が裁判所に仮の救済を申し立てた場合でも、さらには明示的信託を求める申し立てをした場合でも、仮の救済ないし明示的信託を認めるのは裁判所であり、しかもその前に通常の裁判所の手続を経ている。仮の救済を求める場合にも、緊急の場合などを除いては、相手方である有罪判決を受けた人の意見を聞く手続が必要と考えられる。明示的信託を求める訴訟の場合も、当然有罪判決を受けた人に信託を争う機会が与えられる。ところが、収益があった場合に自動的に擬制信託ないし強制的信託に付す手続の場合には、収益は有罪判決を受けた人の意見を聞く機会もないまま信託に付される。このような場合、個別的に有罪判決を受けた人の意見を聞く機会を付与することは必ずしも憲法上常に要求されるわけではないが、ことは表現行為の対価としての収益であり、表現行為という表現の自由の保護を受ける行為に対するものである以上、やはりこのような一律的な収益の剝奪には疑問が提起されうるのではなかろうか。

**対価の引き渡しを義務付ける**

収益の回収をどのようにして確保できるであろうか。ブリティッシュ・コロンビア州のように、対価の支払い及び受領を禁止し、対価を支払う側には対価を州の機関に引き渡すよう義務付け、対価を受け取る側にも対価を州の機関に引き渡すよう義務付け、さらに引き渡すべき対価が引き渡されていない場合には、未回収の収益として、州の機関が債務証明書を発行し、その証明書に裁判所の確定判決と同様の効果を与えるという制度も、可能性としては考えられる。

対価を支払う側に対価を政府の機関に支払うよう義務付け、対価を受け取る側に対価を政府の機関に引き渡すよう義務付けるのも、結果としては強制的な信託制度と同様の趣旨と思われる。ただし、後述するように、果たして対価の支払いや受領を法律で禁止できるのかどうかには疑問がある。したがって、そのような禁止を前提として、対価を支払う側に対価を政府の機関に引き渡すよう義務付け、対価を受け取る側に対価を政府の機関に引き渡すよう義務付けることには、同様の疑問がありえよう。

しかも、このような義務を加えたとしても、実際にその義務に従わない可能性がある以上、実際に収益を回収するには、何らかの措置が必要となる。その際、政府の機関が裁判所に訴訟を提起し、裁判所が回収を命令する手続であれば、強制的信託を採用し、収益を確保するために政府の機関が裁判所に訴訟を提起する制度と実質的には同じであるが、ブリティッシュ・コロンビア州のように、政府の機関が債務証明書を発行し、裁判所に提出すれば、それが裁判所の確定判決と同じ効果を持つというのは、デュー・プロセスの権利の侵害と言わざるをえまい。

しかも、ブリティッシュ・コロンビア州の場合、この引き渡し義務から逃れるためには、対価を支払う側は、一定の期間内に裁判所に申し立てをしなければならず、裁判所は、極めて例外的な場合にのみ、契約通りに支払うことを認めることが許される(ブリティッシュ・コロンビア州犯罪で有名になったことによる収益に関する法律第九条及び第一〇条)。要するに、裁判所とすれば、指定された犯罪で起訴された又は有罪とされた人に、その犯した犯罪から収益をあげさせないという社会の利益に照らし、その表現行為を認める社会的価値の方が上回るというときにだけ、そのような命令が許される仕組みである。本来、このような手続は政府の側が裁判所に訴訟を提起し、政府の側で収益を剝奪すべき理由を証明すべきところが、このような証明責任が逆転されている。このような手続も、やはりデュー・プロセスに反するのではないかとの疑念が残されよう。

### 犯罪被害者家族からの損害賠償請求訴訟を前提としない収益の配分

すでに見たようにアメリカでは、一般にエスクローした収益から犯罪被害者又はその家族へ支払いを行うためには、犯罪被害者又はその家族から裁判所に訴訟を提起することが前提とされている。これに対しカナダでは、そのような訴訟を前提とせずに、直接被害者救済機関に請求して賠償を得ることができる制度になっている。では、カナダのように、犯罪被害者又はその家族からの損害賠償訴訟を前提にせずに、収益を分配することは許されるであろうか。

この点、収益があった時に自動的にエスクローすることには疑問があるが、たとえ自動的にエスクローすることが認められたとしても、裁判所の判決によらずに、被害者救済機関だけの判断で、収益を分配するというのは行き過ぎなのではあるまいか。確かに、犯罪被害者又はその家族に訴訟の提起を義務付けるというのは、犯罪被害者又はその家族に犯罪被害に加えさらなる負担を強いるものであり、被害者救済という点からは何らかの措置が求められるであろう。だが、すでに述べたように、国は犯罪被害者給付金を支給し、その限度で犯罪被害者又はその家族の持つ損害賠償請求権を取得することができる。そうすれば、その損害賠償請求権は国が行使すればよい。犯罪被害者又はその家族が被った被害の額を、裁判所ではなく、被害者救済機関が確定するというのは、やはり本来のあり方とは言えないのではなかろうか。

しかも、裁判所の判決を前提とせず被害者救済機関が直接収益を分配する制度の場合、誰に対して、どのように収益を分配すべきかという厄介な問題を生じさせる。例えば、カナダのロバート・ピクトンの事例では、彼は潜伏捜査の捜査官に四九人の売春婦の殺害を告白したとされ、二六人の被害者の殺害容疑で起訴されたが、途中で迅速に陪審裁判を進めるために審理を六人の被害者に絞り、最終的には六人の被害者の殺害容疑で有罪判決を受けた。そして残りの二〇人の被害者については、起訴は停止され、最終的には取り下げられた。このような状況の中で、裁判でピクトンの犯罪行為の被害者と認定され、損害賠償が確定していない被害者にどのようにして収益を分配すべきであろうか。

## 5　違反行為に刑罰を科す

### 契約の通知義務を怠ったことに対する刑罰

一般に、アメリカの「サムの息子法」では、犯罪を犯して有罪判決を受けた人がその犯罪に関して表現行為を行って収益を得る契約を締結した場合に、その当事者に契約書の写しを被害者救済機関などに提出することを求めており、この義務に反した場合には制裁が科されている。

すでに見たように、被害者への救済を確保するためには、収益があった時に有罪判決を受けた人に通知義務を課すことは必要不可欠な措置といえる。そして、通知義務を確保するためには、違反行為に対して制裁を加えることは必要であり、しかも違反行為に対して刑罰を加えうることは必要であろう。したがって、そのような義務を知っていて、故意に通知を怠ったり、拒否したような場合であれば、刑罰も正当化されよう。ただ、すでに述べたように、このような通知義務を、犯罪を犯して有罪判決を受けた人がその犯罪行為に関して行う表現行為の対価としての収益に限定して課すことは許されない。そのような措置は表現内容に基づく制約であり、通知義務をそのような場合に限定すべき根拠はないからである。

さらに、このような通知義務を、有罪判決を受けた人に負わす場合と異なり、契約の相手方、つまりマス・メディアの側にまで及ぼし、その違反行為に対して刑罰を加えることも許されるのかどうかは、別問題である。というのは、犯罪を犯して有罪判決を受けた人は、犯罪を犯したのであり、一定の責任は免れないものであるが、マス・メディアは何ら犯罪を犯したわけでもない。マス・メディアは、単に有罪判決を受けた人と契約して、その犯罪に関する表現物を公表するだけである。そのマス・メディアにも、通知義務を負わすことまでは到底正当化されえないのではなかろうか。

ただ、犯罪を犯して有罪判決を受けた人に収益があったときに、その源泉が何であれ、収益を得る有罪判決を受けた人に通知義務を課し、その収益を支払う相手方にも通知義務を課すこともできる。その場合、たまたまその支払いを行う相手方ないし契約を結んだ相手方がマス・メディアであって、その収益が表現行為の対価だとしても、その義務がかかることになる。このような場合であれば、それは表現内容中立的な制約であり、そのような通知義務は、有罪判決を受けた人が利益を受け取らないよう確保し、犯罪被害者の救済を確保するという重要な利益を達成するための必要最小限度の制約と言えるかもしれない。

しかし、その場合でも、なお違反行為があった時に、マス・メディアを含む相手方に刑罰を加えることまでが必要なのかどうかには疑問もありえよう。本来は、通知義務は有罪判決を受けた者が果たすべきものであり、その相手方に通知義務を負わせることは、いわばそのバックアップ措置である。相手方が義務を果たさなくても、有罪判決を受けた人が義務を果たせば目的は達成されるのであり、義務を怠った有罪判決を受けた人に刑罰を加えれば、義務履行の担保手段としてはおそらく十分なのではないかと思われる。それを超えて、通知義務を怠った相手方にも刑罰を加えることは、実際には、相手方に、有罪判決を受けた人に収益を支払うなと命じているのと同じである。有罪判決を受けた人は、犯罪を犯して被害者及びその遺族に損害を与えたのであるから、刑罰以外に一定の不利益を受けても仕方がないかもしれないが、相手方には本来罪はない。それゆえ被害者救済のために通知義務を課し、さらにはその違反行為に対して刑罰まで科すことが必要なのかどうか疑問とすべきであろう。

**収益を被害者救済機関に支払わなかったことに対する刑罰**

さらに、収益のエスクローないし強制的信託を義務付けているところでも、エスクローないし強制的信託に応じなかった場合には、州の被害者救済機関が裁判所に提訴する仕組みとなっていて、エスクローないし強制的信託に応じなかったことを理由にしては刑事罰は科されていない。ただし、州法によっては、支払いに応じなかった場合にも、刑罰を加えているところもある。例えば、アラバマ州では、犯罪に関する表現行為による収益を被害者救済機関に支払うことを義務付け、その支払いを拒否したものを重罪として、一年以上一〇年以下の禁錮及びその収益と同額の罰金に処している（アラバマ州法第41-9-80条）。カナダでも、ブリティッシュ・コロンビア州法などは同様である。

エスクローないし強制的信託を法律上義務づけていても、被害者救済機関に収益の支払いが行われなかった場合、やはり被害者救済機関が、支払いを求めて訴訟を提起できるような制度の方が妥当であろう。裁判所から支払いの命令を受ければ、相手方は、支払いを余儀なくされる。いきなり支払わなかった場合に刑罰を加えるのは、必要最小限度とは言えないのではなかろうか。

**収益を支払う・受領することの禁止**

さらにすでに見たように、カナダでは、モデル法案が収益の支払い及び受領を禁止しており、それに反した場合には刑罰が科されている。これに従ったサスカチュワン州などでも、収益を、有罪判決を受けた人に対して支払った場合も、それを受け取った場合にも刑罰が科されている。ブリティッシュ・コロンビア州の法律も同様である。

このような禁止及び処罰が憲法に違反しないかどうかは、アメリカでもカナダでも、定かではない。だが、果たしてそこまですることが必要かどうかには疑問の余地があろう。収益を剝奪するためには、すでに見たように、被害者が裁判所に訴訟を起こして、仮の救済を求めればよいし、もしそれでも不十分であれば、被害者救済機関が被害者に代わって裁判所に訴訟を提起し、仮の救済を求めればよい。さらに、そこまで必要かどうか疑問の余地はあるが、アメリカの「サムの息子法」の多くが規定しているように、そのような収益をエスクローないし擬制信託又は強制的信託し、強制的に剝奪することも可能である。さらに収益の剝奪を求めて被害者救済機関が裁判所に申し立てをする道もある。それに加えて、収益の支払い及び受領を禁止し、その違反に対して刑罰まで加えることが必要かどうかは疑わしいのではなかろうか。

ましてや、犯罪を犯して有罪判決を受けた人は、犯罪を理由として刑を受けているが、マス・メディアは、出版を引き受けただけであり、何ら犯罪に手を貸してはいない。それにもかかわらず、有罪判決を受けた人が自ら収益を受領してはならないというのを超えて、有罪判決を受けた人に収益を支払ったことを理由に、マス・メディアにも刑罰を加えるというのは行き過ぎなのではなかろうか。

## 6　マス・メディアによる収益も剥奪する

### マス・メディアによる収益の禁止及び剥奪

アメリカの「サムの息子法」も、犯罪を犯して有罪判決を受けた人が、その犯罪に関して表現行為を行い、収益を得ることを抑止しようとしているが、例えば有罪判決を受けた人とインタビューをして本を執筆した人、又はその本の出版社の上げる収益に対しては手をつけてはいない。[19] これに対しカリフォルニア州の場合、犯罪の結果価値が上がったものの収益については、第三者でも利益を受ける人はすべて収益剥奪の対象となっている。もしそのような仕組みがすべての収益に対してとられた場合、犯罪を犯して有罪判決を犯した人が、収益を受けるような内容の契約を締結したすべての当事者から収益を剥奪しうることになる。犯罪に関する表現行為から出版社や執筆者があげる収益が剥奪されることになろう。

そうすると、犯罪を犯して有罪判決を受けた人のその犯罪に関する表現を本として出版しても、有罪判決を受けた人とインタビューを行って書籍を執筆した執筆者にも、そのような書籍を出版した出版社にも何の利益もないことになる。これでは、犯罪を犯して有罪判決を受けた人がその犯罪について表現することは不可能となろう。これは、表現の自由の制約としては行き過ぎではあるまいか。[20] しかも、執筆者や出版社は、自ら犯罪に手を貸したわけではない。そのような執筆者又は出版社から収益を剥奪することは、到底正当化されないのではなかろうか。

さらにこれに対し、カナダではモデル法案及びそれを踏襲したサスカチュワン州の州法などの場合、「何人も」、犯罪を犯して有罪判決を受けた人がその犯罪に関して行った表現行為から報酬ないし収益を受領してはならないと定めている。おそらく、犯罪を犯して有罪判決を受けた人の犯罪に関して書籍を執筆したり、それを出版したりしたマス・メディアも、収益の受領を禁止されるのではないかと思われる。だが、すでに見たように、このような犯罪を犯して有罪判決を受けた人に対する制約を超えて、他の執筆者や出版したマス・メディアにまで刑罰を加えることは行き過ぎではないかと思われる。

## 犯罪に関するドラマや映画の禁止

さらに、出版者や、テレビ番組制作者や、映画制作者は、犯罪を犯して有罪判決を受けた人と契約し、対価を支払ってストーリーを買うのではなく、現実の事件を基にしてフィクションとして書籍、番組や映画を作成し、実際の事件の公判の記録などの資料に基づいて事件を再現した書籍、テレビ番組や映画を作成している。この場合、有罪判決を受けた人に収益は入らないので、「サムの息子法」は適用されず、被害者の救済は図られない[21]。また新聞記者やフリーランスの作家が事件に関心を持ち、自ら調査して、事件について書籍を出版し、それに基づいてテレビ番組や映画を作成しても、同様に「サムの息子法」の適用はない。犯罪被害者及びその家族に対しては、実はこのような有罪判決を受けた人以外による犯罪に関する表現活動であっても、著しい精神的苦痛を与えることもありうる。これまでのところ、このような表現活動まで禁止すべきだとか収益を剥奪すべきだとかいう議論は、アメリカには見当たらない。[22]

たとえ犯罪被害者又は被害者家族を保護するために必要だとしても、だからと言って、事件や犯罪に関する表現行為をすべて禁止したり、その収益をすべて剝奪したりすることはできまい。マス・メディアも表現の自由を有しており、犯罪や事件について自由に表現や報道を行う自由を有している。表現や報道が例えば名誉毀損やプライバシー侵害とならない限り、その表現や報道を違法とは言えまい。被害者や被害者家族にとって不快であったり、被害者や被害者家族が傷ついたとしても、それだけで表現や報道を違法だとしてしまうと、事件や犯罪に関する表現や報道は著しく制限されてしまう。また、事件や犯罪を題材にしてドラマを作成したり、小説を書いたりすること、それに基づいて映画を作成することによって、場合によっては優れた作品が生まれ、人々に大きな影響を与えることもありうる。このような小説やドラマ、さらにドキュメンタリーやルポの持つ価値を否定することはできないであろう。

このことを考えると、やはりたとえ被害者又は被害者家族にとって不快であったり、傷つけるものであったりしたとしても、有罪判決を受けた人以外の人によって書かれた、事件や犯罪を題材とした小説やドラマ、さらには事件や犯罪について、有罪判決を受けた人以外の人からの取材に基づいたドキュメンタリーやルポなどを禁止したり、その収益を剝奪したりすることは許されないものというべきであろう。

## 「サムの息子法」は可能か

このように見てくると、犯罪を犯して有罪判決を受けた人がその犯罪に関して表現行為を行うことを禁止することはできないように思われる。

これに対し、殺人事件などのような、一定の重大な犯罪であって、被害者がはっきりしているような犯罪行為に関して、その犯罪を犯して有罪判決を受けた人に対してであれば、その被害者家族が損害賠償訴訟を提起せざるを得ず、またその確定判決が失効しないようにするため時効中断を申し立てて訴訟を繰り返さなければならないという負担を和らげ、また被害者への賠償が他の債権者に優先的に行われ、収益があったときに浪費されてしまうことなく被害者救済に充てられるよう確保するためであれば、「サムの息子法」を導入することは可能かもしれない。つまり、犯罪を犯して有罪判決を受けた人から収益を剝奪する制度であれば、許されるかもしれない。ただし、そのような表現行為による収益だけを狙い撃ちにして収益を剝奪することは許されない。それゆえ、「サムの息子法」は、その犯罪に関する表現行為による収益かどうかにかかわらず、犯罪に由来するもしくは犯罪と結びついた収益一般に適用されなければならない。

また、収益剝奪の方法としては、有罪判決を受けた人に収益があったときにその収益を政府の被害者救済機関などに告知することを義務付け、告知を受けた場合には被害者に通知すること、必要に応じて州の被害者救済機関が収益の保全又は擬制信託ないし強制的信託を求めて訴訟を提起し、仮の救済を求めることまでは認められるかもしれない。しかし、収益があったときに、自動的にそれを擬制信託ないし強制的信託に付すような制度までは許されないであろうし、報酬の支払い及び報酬の受領を禁止し、報酬を政府の被害者救済機関などに支払うこと及び引き渡すことを義務付け、その義務違反に対して刑罰まで加えるのは、行き過ぎではなかろうか。

とりわけ、取材に基づいて犯罪に関する出版物を出版したり、それに基づいたテレビドラマ化や映画化を図るマス・メディアの表現行為を禁止したりすることは許されないと思われる。また、犯罪加害者の出版物を出版したり、犯罪加害者とのインタビューに基づいて書籍を出版したりするマス・メディア、こうした出版物に基づいてテレビドラマ化や映画化を図るマス・メディアの表現行為を禁止することも許されるべきではない。また犯罪加害者による出版物を出版したり、犯罪加害者へのインタビューに基づいて書籍を出版したりするに際し、犯罪加害者に報酬ないし印税を支払うマス・メディアに対して、契約の内容を国の被害者救済機関などに告知することを義務付け、それを怠ったことを理由に刑罰を加えること、そのような報酬や印税を犯罪加害者に対して行うことを禁止し、報酬ないし印税を国の被害者救済機関などに支払うことを義務付け、その義務を怠ったことを理由にマス・メディアに刑罰を加えることなども、許されないものというべきである。その上で、犯罪加害者による出版物を出版したり、犯罪加害者へのインタビューに基づいて書籍を出版したりして、マス・メディアが収益を上げたりすることを禁止することも行き過ぎだというべきであろう。

# 第六章　「サムの息子法」を振り返る

## 1　犯罪被害者救済という観点から振り返る

### 犯罪被害者救済の進展

「サムの息子法」の必要性を考えるとき、より広い視野に立って、犯罪被害者救済という観点全体から見て、この制度の必要性を検討する必要がある。

アメリカでは、犯罪被害者の保護が強く叫ばれるようになった結果、現在ではすべての州において、犯罪被害者の権利を保護する憲法規定や法律が制定されている。[1] ただし、アメリカでは、犯罪被害者は加害者の刑事裁判に直接関与することはできず、刑事裁判について情報を与えられる権利が保障されているのと、被害者への影響について口頭又は書面で裁判所に情報を提供することが認められているにとどまる。後者は一般に「被害者影響供述書」と呼ばれ、犯罪が犯罪被害者に与えた影響を裁判の場で明らかにする機会を与えるものである。[2] 具体的な仕組みは州ごとに異なっており、どのように処罰して欲しいのかの希望を述べることが許されているところもあるし、それが許されていないところもある。さらに殺人事件の場合の遺族の被害者影響供述書の位置付けにも、州ごとに違いがある（遺族への影響についての供述を認めると、多くの人に惜しまれていた人が亡くなった場合に厳しい処罰となり、逆に誰も悲しんでくれない人が亡くなった場合には軽い刑が科される恐れがあることを懸念したためである）。「サムの息子法」は、明らかに、このような犯罪被害者の救済という観点から、その一環として導入されたものである。

**利益返還命令及び損害填補命令**

ただし、「サムの息子法」の位置付けは、アメリカの場合、刑罰として利益返還命令ないし損害填補命令が可能であるがゆえに、若干複雑である。

すでに見たように、すべての州で、州憲法又は州法により、犯罪被害者の権利が保護されており、一般に、犯罪被害者には、政府による犯罪被害者給付金を受ける権利と、被告人に対して利益返還命令ないし損害填補命令を求める権利が認められている[3]。前者は、犯罪被害者が被った損害を政府が補償する制度であり、被害のために要した治療費や、被害のために失われた賃金などの補償を意図している[4]。どのような損害が補償の対象となるのかは、州ごとに異なっているが、一般に、補償には上限があり、一万ドルから一〇万ドルくらいの間で差があるようである。被害者が亡くなった場合も、葬儀費用や、家族が生計を依存していた場合には、その失われた扶養についての補償が認められる[5]。後者は、ともに原状回復という趣旨で認められる救済であり（両者を区別するところもあるが、両者を区別しないところもある）、もともとコモンロー又は衡平法上の救済として認められてきた。これが現在は、刑の一部として取り入れられている。[6]

したがってアメリカでは、刑事裁判で有罪判決が下された時に、裁判所は被告人に、刑罰の一つとして、被害者への利益返還命令又は損害塡補命令を出すことができる。しかも現在は、このような利益返還命令又は損害塡補命令を受けることは、犯罪被害者の権利と考えられている（合衆国法典第一八編第三七七一条(a)(6)）。そして、連邦及びかなりの州では、一定の犯罪については、このような利益返還命令又は損害塡補命令を出すことが、裁判所に義務付けられている（同第三六六三A条）。

ニューヨーク州の刑法典でも、裁判所は刑の宣告にあたってこれらの命令を考慮することが義務付けられており、被害者が被害者影響供述書の中でこれを求めているか又は被害者がこれらの命令を求めていることを検察官が伝達した場合には、裁判所は、原則としてこれらの命令を発する（ニューヨーク州刑法第六〇・二七条第一項）。支払いの命令ができるのは、原則として重罪の場合は一万五〇〇〇ドル、それ以外の犯罪の場合には一万ドルに限定されているが（同第五項）、この利得返還命令又は損害塡補命令は、「サムの息子法」と犯罪被害者救済という観点では同一の目的であると言える。[7] 逆にいえば、その意味では、「サムの息子法」がなくとも、この利益返還命令又は損害塡補命令によって、犯罪被害者救済の目的はかなり達せられるのではないかとの疑問がないではない。[8]

**利益返還命令及び損害塡補命令を確保する**

ただし、刑の宣告の中で、利益返還命令又は損害塡補命令が出されたとして、その命令が出された時点では有罪判決を受けた人には何ら資産はないこともありうる。したがって、利益返還命令又は損害塡補命令でもって犯罪被害者救済を図るためには、将来得られるかもしれない犯罪に由来する収益をもこの命令の対象としなければならない[9]。とすれば、このような利益返還命令ないし損害塡補命令が出されている場合には、有罪判決を受けた人が新たに得た収益は、その支払いに充てるという仕組みにすることが求められるかもしれない[10]。

もしこのような命令が刑の中で宣告されている場合には、アメリカでは、通例「サムの息子法」により収益をエスクローしておいて、その後改めて犯罪被害者が加害者に対して損害賠償訴訟を提起しなくても、新たな収益はこの支払いに充てられることになっている。州の被害者救済機関としては、収益の発生を通知することだけを求めればよく、あとはこの命令を強制執行して被害者への支払いに充てればいいのではないかと推測される。しかも損害賠償の確定判決と違って、これらの命令は刑罰であるから、時効にかかるということはないと思われる。ということは、このような命令さえ出されていれば、いつ収益があっても、その命令が満たされていない限りはいつでも収益をこれに充てることができるはずである。しかし、とすると、なぜそれを超えて、収益をエスクローないし強制的に信託し、損害賠償判決の支払いに充てる必要があるのかという疑問がわかないではない[11]。

これに対し、日本では、刑罰の一種としての利益返還命令や損害塡補命令の制度は存在しないので、アメリカやカナダとは状況が少し異なることには注意が必要である[12]。被害者の救済を図るためには、このような刑罰の一種である利益返還命令や損害塡補命令以外の方法を考える必要がある。

また、犯罪被害者もその家族も、もちろんアメリカでもカナダでも日本でも、加害者に対して不法行為として損害賠償を求めることができる。ただ、とりわけ殺人事件の場合の損害賠償のあり方には、日本とアメリカとカナダの間で若干差異がある。

日本では、殺害の時点で殺害される被害者が、殺害に対する損害賠償請求権を獲得し、それが遺産相続によって遺族に相続されるという構成をとる。一種のフィクションであるが、これによって、殺害に対する損害賠償請求権が遺族に継承される。大切な家族の一員を失ったことを理由に、家族には固有の損害賠償請求権が発生するが、被害者が殺害された際に損害賠償で請求できるのは、基本的には、この殺害されたことに対する被害者の損害に対してである。

これに対しアメリカおよびカナダにおいては、コモンローの立場では、被害者が殺害された場合、殺害された被害者は加害者に対して損害賠償請求権を獲得しない。したがって、被害者の遺族が、被害者の損害賠償請求権を相続するということも想定されていない。被害者の遺族は、被害者によって養われていたような場合であれば、失われたその養育費に対して損害賠償を請求することができる。だが、遺族には、殺害そのものの損害に対しては損害賠償ができないのである。その意味で、怪我を負わせて、被害者が障害を負ったりした場合は、身体への危害について一生その損害が賠償されなければならないが、殺害された場合には、生命侵害に対する損害賠償請求ができないという不公正さが残されている。

そこで、アメリカのすべての州では、死亡に対する責任を追及するための法律、いわゆる不法死亡損害賠償法が制定されており、不法死亡賠償訴訟“wrongful death action”が認められている。この種の訴訟は、被害者の死亡に対し加害者に故意又は過失がある場合に、被害者の家族に損害賠償を認めるものであり、一般には、被害者が亡くなった時の遺産の名の下に、その継承者の代表の名前で損害賠償訴訟が提起されることになる。ただし、一般にこれは、被害者が亡くなったことによって家族に生じた金銭的な損失を家族に償うことを目的としており、したがって、扶養のための費用が支払われなくなること、葬儀や埋葬の費用などがこれによって回収される。これ以外に、殺害された被害者への傷害を理由として、被害者が味わった精神的苦痛の賠償や遺失利益の回復を、亡くなった人の遺産の名義で求める訴訟もある（損害継承訴訟"survival action"と呼ばれる）。これもコモンローでは認められていなかったものを、法律によって提訴可能としたものである。後者の訴訟は、被害者が危害を被って死ぬまでの間に損害賠償請求権を取得し、それが、被害者が死亡しても、遺産として継承されるという想定でできている（それゆえ、被害者が即時に亡くなった場合には、この種の訴訟は認められないことが多い）。

「サムの息子法」によって、犯罪被害者のために擬制信託される収益又は明示的信託を求められる収益に対する犯罪被害者の権利が、具体的にどのような権利なのかは、法律の上では必ずしもはっきりしない。ただ、アメリカの「サムの息子法」の場合、一般に犯罪被害者がこの信託された収益から支払いを受ける場合には、裁判所に損害賠償訴訟を提起しなければならない。これは、犯罪のために亡くなった被害者に対する殺害行為を理由として犯罪被害者の家族が提起する損害賠償なのではないかと思われる。つまり、不法死亡賠償訴訟か損害継承訴訟のどちらかもしくは双方ではないかということである。というのは、制度の上では、犯罪被害者の家族がすべて収益を分割してしまうのではなく、犯罪被害者の家族の救済に充てた後、収益が残ることが想定されているからである。さらに、犯罪被害者が複数存在する場合には、各被害者に割り当てられる支払額は、支払いを求められる損害賠償額全体の中でそれぞれの犯罪被害者に認められた損害額に比例する。したがって、犯罪を犯して有罪判決を受けた人がその犯罪に関する表現行為によって新たに被った損害に応じて分割するという仕組みとは思われない。

ただし、刑事裁判は、加害者の刑事責任を判断する手続であるから、加害者が刑事裁判で有罪と確定しても、被害者に対する民事の損害賠償義務は確定しない。加害者の民事責任を問うためには、別個の損害賠償訴訟を提起しなければならない。この点は、日本もアメリカも同様である。ところが、後述するように、日本では刑事裁判所の中で被害者が損害賠償命令の申し立てを行って、刑事裁判の終了後、直ちにこの損害賠償命令の審理を行う手続が導入されている。アメリカにはそのような手続が存在しない。それゆえ、アメリカでは、被害者が損害賠償を得るためには、民事の損害賠償訴訟を提起しなければならないが、日本ではこの点では被害者の救済に、より有利な制度が導入されていると言える。

## 不当利得として返還請求する

これに対し、犯罪を犯して有罪判決を受けた人が犯罪について表現行為を行って得られる収益を「不当利得」と見て、それ自体に対して支払いを求めることも考えられるのではないかと思われる。すでに述べたコモンロー又は衡平法上の利益返還命令又は損害塡補命令は、究極的には不当利得に対する請求権の一種と考えられている。その延長線上で、犯罪に関する表現行為によって得られる収益をも不当利得と見ることもできるかもしれない。ただ、古典的な利益返還命令又は損害塡補命令の考え方では、犯罪によって加害者が被害者から取り上げた利益を返還させたり、被害者が被った損害を加害者に塡補することを求めたりするのが、制度の趣旨なので、犯罪を犯して有罪判決を受けた人が犯罪に関して表現行為を行って得る収益をこの不当利得制度により被害者の支払いに回すことは、古典的な不当利得法理のかなり大きな修正になるものと思われる。したがって、このような修正を図るためには、不当利得制度を改正し、不当利得制度の適用をこのような場合にも認めなければならない。日本でも、不当利得に対しては、返還請求権が認められている。しかし、すでに見たように、現行の不当利得制度のもとでは、犯罪を犯して有罪判決を受けた人がその犯罪に関する表現行為によって得る収益を不当利得として返還請求することには無理があるのではないかと思われる。

では、民法を改正し、あるいは特別立法を制定して(例えば「サムの息子法」を制定して)、犯罪被害者及びその家族に対して、犯罪を犯して有罪判決を受けた人がその犯罪に関して表現行為を行って得る収益を「不当利得」として返還請求を可能にすることはできるか。立法的には、おそらくこれも可能であろう。そうすれば、被害者又はその家族は、犯罪を犯して有罪判決を受けた人がその犯罪に関して表現行為を行った時に、その収益を不当利得としてすべて返還を求めることができる。ただ、その場合、この不当利得の返還請求権の対象となる利得をどのように定義するのかが問題になりうるのと(返還されるべき収益をどのように定義すべきなのかは難しい問題である。犯罪を犯して有罪判決を受けた人が得る収益をすべて不当利得ということはできまい)、「サムの息子法」について問題とされたように、犯罪を犯して有罪判決を受けた人がその犯罪に関して表現行為を行った際の収益だけを狙い撃ちにすることは許されないことに変わりはない。

また、たとえ被害者又はその家族が、収益を不当利得として返還請求できるようにしたとしても、収益があったことを知らなければ返還請求はできない。それゆえ、「サムの息子法」のように、収益を生じさせるような契約を締結した場合に、必ず有罪判決を受けた人に対し、被害者救済機関などへの通知を義務付け、その上で被害者救済機関が被害者に通知するような仕組みは必要になるかもしれない。ただ、それを超えて、被害者救済機関が被害者のために収益を剝奪して信託に付すことを求める必要があるのか、さらに収益があった時に擬制信託ないし強制的信託に付すことまで必要なのかどうかには、「サムの息子法」の場合と同様の問題が残されている。

## 2 拡大された「サムの息子法」は必要か

### 殺人記念品による収益

さらに、従来は、犯罪を犯して有罪判決を受けた人が、出版社と出版契約を結んで、本を出版すること、その書籍をもとにテレビドラマ化したり映画を作成したりすること、あるいは有罪判決を受けた人とのインタビューに基づいて書籍を執筆することを念頭に置いてサムの息子法は制定されている。有罪判決を受けた人がその犯罪に関する表現を行って得られる収益だけを狙い撃ちして収益を剝奪することは許されないから、「サムの息子法」を制定するのであれば、表現行為に由来するものかどうかにかかわりなく、犯罪の結果得られる収益をすべて剥奪の対象とするほかない。

しかし、インターネットの発達により、犯罪を犯して有罪判決を受けた人が犯罪に関するものを公衆に提供し、報酬や収入を得る方法はより多様化している。例えば、「殺人に関する記念品」(殺人記念品)と呼ばれるような、殺人行為に関連して、没収されなかった物品を、インターネット上で例えばクレイグリストで販売したり、eBay などのインターネットオークションでオークションにかけることが広がった。[13] また犯罪には関係しないが、犯罪を犯して有罪判決を受けた人が、その犯罪を通して有名になったために、その有罪判決を受けた人の個人的な所有物などの価値が上がり、有罪判決を受けた人がその所有物を売ったりして収益を上げることもある。例えば有罪判決を受けた人の書いた手紙、絵画、使っている筆記具、身につけた衣装品、さらには切った爪、髪の毛などが、その例である。アメリカでは、実際このような有罪判決を受けた連続殺人犯の個人的所有物を出品するサイトまであるようである。[14]

これらの殺人に関する記念品や殺人者の個人的所持物は、いずれも「犯罪に関する表現」ないし「犯罪について語ったもの」とは言えない。したがって、従来の「サムの息子法」では、これらの収益を剥奪することは難しいであろう。[15]

### 州法を改正して「サムの息子法」を適用する

改正されたニューヨーク州法ではすべての犯罪者の収益と資産が剥奪の対象になるため、このような収益も「サムの息子法」の対象となるかもしれないが、これを「犯罪に由来する収益」と言えるかどうかは定かではない。何れにしても、このような収益をも剝奪の対象にするためには州法を改正し、それが剝奪の対象となることを明記するほかない。

カリフォルニア州では二〇〇〇年に州法を改正し、テキサス州も二〇〇一年に州法を改正し、このような収益をも対象に加えた[16]。つまり犯罪の結果有名となったために価値が上がったものの上がった価値をすべてエスクローし、有罪判決を受けた人の利得としないようにしたのである。しかもカリフォルニア州は、有罪判決を受けた人及びその代理人だけではなく、このような犯罪記念品を販売ないし仲介して利益を得る者すべて——州法は「利益取得者」と呼ぶ——にその適用を拡大した[17]。利益剝奪の対象は、第三者にも及ぶのである。

例えば、カリフォルニア州の「サムの息子法」によれば、すでに見たような有罪判決を受けた人がその犯罪に関して表現行為を行って得られた収益だけでなく、「重罪犯人、その代理人、その利益取得者によって販売又は譲渡された権利を含む物であって、その物又は権利の価値がその有罪判決を受けた人が犯した重罪の結果有名となったために価値が上がった物から得られるすべての所得」を指す「利得」にも（カリフォルニア州民事訴訟法第二二二五条（a）（10））、強制的信託が適用される（同（b）（2））。例外とされているのは、刑事裁判の弁護のためになされた寄付だけである。カリフォルニア州の最高裁判所のキーナン事件の違憲判決（四二頁参照）は、この規定には及んでいない。したがって、この部分はなお有効である。

このような殺人記念品に対する収益剝奪の動きは、ほかの州でも顕著に見られる[18]。

## 連邦法制定の動き

二〇〇七年には、アメリカの連邦議会に、「犯罪被害者の尊厳を守るために殺人記念品の販売を止める法律」の法案が提出されている。[19] 二〇一三年にも、同趣旨の法律案が上院に提出されている。[20] 二〇〇七年の法案によれば、受刑者が、いかなる財産、物又は物品であれ、これを州際通商に乗せる目的で、事情を知った上で郵送又は配送させた場合に新たに刑罰を加え、その収益をすべて没収し、この法律違反の行為によって被害を受けた人は誰でも、差止め、損害賠償、懲罰的賠償を含む民事上の救済を求めることができるとされている。[21] すなわち、同法案は第二条で、合衆国法典第一八編に第一七九四条を追加し、「第(d)号に規定する場合を除いて、暴力的犯罪で有罪判決を受けた受刑者で、物、物品又は品物を州際又は外国との通商に乗せる意図をもって、その物、物品、又は品物を郵送し、配送のために委託し、又は情を知って郵送により配送させた者」は、本条のもとで罰金を科され、六カ月以上一〇年以下の禁固刑に科すと定める。本条のもとで科される禁固刑は、他の禁固刑に加えて科される。本条のもとで処罰される罪には公訴時効はない。刑務所局の局長及び更生部門又はそれに同等の機関の長は、本条に違反する受刑者の特権を制限する統一的な指針を公布することができる。例外は、不動産の権限書、債務の支払い、租税、罰金など列挙されているものだけである。[22]

さらに第三条は、合衆国法典第一八編第九八二条(a)を改正し、以下の項目を追加する。

「(9)裁判所は、第一七九四条のもとの犯罪又はその犯罪を犯す共謀を理由に有罪判決を受けた被告人に刑を言い渡すにあたっては、被告人に対し、以下の動産又は不動産を合衆国に没収する命令を言い渡さなければならない。

(A)そのような犯罪を犯すこと、促進することないし増進するために使用した又は使用されることを意図したもの、又は

(B)そのような犯罪の直接又は間接的な結果として被告人が得た総収益を構成する、それに由来する、又はそれにたどり着くことができるようなもの」。

そして、「本法によって追加される第一八編第九八二条(a)(9)のもとで没収の対象となるいかなる財産も、合衆国法典第一八編第四六章で定められた手続にしたがって民事訴訟によって合衆国に没収されうる」とする(第四条)。

さらに第五条は民事上の救済について定め、「(a)本法によって追加される第一八編第一七九四条のもとで禁止された行為を理由として被害を受けた人は、第(b)項で定める救済を求めて民事訴訟を提起することができる。そして、次のような救済が求められうる。

(b)前項の民事訴訟においては、裁判所は、以下のものを含む適切な救済を与えることができる。

(1)一時的な、仮の又は永久的な差止め的救済、

(2)損害賠償又は懲罰的賠償、及び

(3)民事訴訟の費用及び弁護士及び専門家証人の合理的な手数料」(第五条)。

これらの法案によれば、殺人記念品の収益を剥奪するだけではなく、そもそも州際通商でこのような物品を販売することが禁止されることになる。ただし、いずれの法案も結局成立しなかった。

## カナダでも同様の動き

カナダでも、マニトバ州では、このような犯罪に関する記念品の販売による収益を剝奪する仕組みが導入されている。それによれば、「指定された犯罪で有罪判決を受けた人、又は起訴された人、又はその代理人が、次の物品を販売したと認めた場合、すなわち有罪判決を受けた人又は起訴された人によって、

(a)所有又は所持されていた物品

(b)署名された物品

(c)作成、製造又は生産された物品

であって、その人が指定された犯罪を犯して有罪判決を受ける又は起訴されることがなかった場合のその対価よりも高い対価で販売された場合」、州当局は、この利益を州当局に支払うよう求める申し立てを裁判所にすることができる（マニトバ州犯罪で有名になったことからの収益を防止する法律第一三条第一項）。

サスカチュワン州も、「大臣が、指定された犯罪で有罪判決を受けた人又は起訴された人又はその代理人が、ある物品に対して、その指定された犯罪で有罪判決を受けるか起訴されることがなかったら支払われた価格よりも高い価格でその物品を販売したと判断した場合、裁判所に、増加した価格に等しい金額を大臣に支払うよう求める命令を申し立てることができる」とする（サスカチュワン州犯罪で有名になったことからの収益を防止する法律第一一条第二項）。ここでいう「物品」は、「指定された犯罪で有罪判決を受けた人又は起訴された人によって使用され、所有され、所持され、署名され、作成さ

れ、製造された又は制作された物品」を言う（同第一一条第一項）。裁判所は、その物品に対して支払われた価格が、その人が指定された犯罪で有罪判決を受けたか起訴されたかしていなければ受け取ったであろう金額より高い価格で販売されたと認めた場合、その増価額を認定し、その金額を大臣に支払うよう命令する（同第一二条）。

ブリティッシュ・コロンビア州も、同様の手続を導入した。同州の制定した「犯罪で有名になったことからの収益を防ぐ法律」によれば、「犯罪記念品」とは、「指定された犯罪で起訴された人又は有罪とされた人に関して、

(a)その人によって使用され、所有され、所持され、署名され、作成され、製造されたないし制作されたもの、又は

(b)それ以外の方法でその人に結びついているもの」

を指す（ブリティッシュ・コロンビア州犯罪で有名になったことからの収益を防止する法律第一条）。

そして、担当大臣の申し立てに基づき、指定された犯罪で起訴された人又は有罪とされた人もしくはその代理人が犯罪記念品を、もしその人が指定された犯罪で起訴されるか有罪とされるかしていなければついたであろう対価よりも高い価格の対価で販売、賃貸、許諾しその他の方法で処分したと納得したときは、裁判所は、その人又はその代理人に対し、次の差額に等しい金額を財務大臣に支払うよう命令をすることができる。

(a)犯罪記念品の対価の価値

(b)その人が指定された犯罪で起訴されるか有罪とされることがなかったらその犯罪記念品に対し

て支払われたであろう対価の価値」（第一一条）。

## 殺人記念品による収益の剝奪は憲法に反しないか

このような修正が憲法に反しないのかどうかは、なお定かではない。これが争われたアメリカの判例もカナダの判例も存在しない。これらの修正は、有罪判決を受けた人が犯罪に関して行った表現だけを狙ってはいないので、合衆国最高裁判所の違憲判決で問題とされた欠陥を有してはいない。しかし、例えば有罪判決を受けた人の書いた手紙や手記など、犯罪に関係しない表現物にも適用されてその収益を剝奪することになると、この修正も、表現の自由を制約することになる。おそらくこれは間接的な表現の自由の制約とみられ、合衆国最高裁判所によってより緩やかな審査基準が適用されるであろうと思われるが、[23]まだ実際にこの点が争われた事例は見当たらず、はっきりとしてはいない。[24]

連邦の改正法案は、殺人記念品の販売を阻止することを標榜しており、殺人記念品の収益はすべて連邦政府によって没収されるが、収益をエスクローし被害者に分配するような仕組みはとられていない。[25]結果的に犯罪被害者の救済は、より困難になるかもしれない。さらに犯罪被害者の尊厳を守るために殺人記念品の州際輸送を禁止しようとするが、その適応対象はすべての受刑者であって、はっきりとした被害者がいるかどうかにかかわらず適用される点で過度に広汎過ぎるし、[26]その受刑者が犯罪の結果有名となったのかどうかにかかわらず、全く無名の受刑者にも適用される点でも過度に広汎過ぎるという批判がある。[27]

しかも、たとえ表現行為以外に適用されたとしても、物品の価値が、有罪判決を受けた人が犯罪のせいで有名になったためにか上がったかどうかは、しばしば難しい問題である。[28] そもそも、ある人にとってはゴミであっても、ほかの人にとってはお宝かもしれない。[29] 収集家の世界では、物の価値には相場はないに等しい。しかも、剝奪の対象となる物は、犯罪に関するもの、あるいは有罪判決を受けた人に関するものであるなら、なんでも含まれうる。[30]

しかもそもそも、これらのインターネット上で出品されている殺人に関する記念品が、本当のものかどうか必ずしも定かではないし、有罪判決を受けた人が本当に出品したものかどうかも定かではないし、有罪判決を受けた人が本当に利益を得ているのかどうかも定かではない。[31] 実際、受刑者の場合は、刑事施設の中でインターネット上に物品を出品することは困難であるから、出品されているものが本当に有罪判決を受けた人が出品したものかどうかは疑わしい。[32] インターネット上に出品されているものを売った利益が本当に犯罪を犯して有罪判決を受けた人そのものに渡っているのかどうかをどう確認するのか、そう単純ではないような気がする。確かに、犯罪を犯して有罪判決を受けた人の家族が、これらの記念品を出品し、販売する可能性はある。その際、犯罪を犯して有罪判決を受けた加害者には責任があるが、その家族には責任はない。犯罪被害者の家族の立場では、たとえ加害者の家族であっても犯罪の結果として利益を得るべきではないと思われるとしても、犯罪に関与していない家族の責任を問うことには難しい問題がある（だからこそ、後述するように、家族は反証がない限り加害者の代理人と推定して、その家族に利得が渡ることを阻止しようとしているのであろう）。

憲法的に見ても、確かに、殺人記念品の収益をすべて剝奪するものである限り、犯罪に関する表現行為を狙い撃ちにしてはおらず、表現内容中立的と言えると思われるが、それでもこの表現内容中立的な制約のゆえに、犯罪に関する表現行為にも制約が及ぶ。結果的に、有罪判決を受けた人がその犯罪を悪用して被害者をさらに傷つけるような搾取的な内容のものでない場合にも、表現行為が抑止される形になり、果たしてこのような表現行為を抑止する結果を正当化するような重要な政府利益が存在するかどうかは疑問かもしれない[33]。

しかも刑事施設では、受刑者の更生の助けにするため、刑務所内で美術品を作成することを推奨してきた。このような作業は、受刑者に自信をつけ、新たな才能を見出し、社会復帰を助けると考えられている。ところが、その作成された美術品を販売して得た利益をも剝奪することは、明らかにこのような動向と相いれない[34]。その利益の剝奪の対象となる物品の範囲が過度に広すぎないか、果たして剝奪されるべき利益とそうでない利益を適切に区別しうるかどうか疑問もありうるであろう[35]。

日本で新たに「サムの息子法」を導入する場合には、カリフォルニア州のように、犯罪の結果価値が上がったものを販売するなどして収益を上げた場合にも、その収益をすべて剝奪する仕組みをとることは当然考えられる。犯罪を犯して有罪判決を受けた人がその犯罪に関して表現行為を行って得る収益だけを狙い撃ちすることが許されないなら、犯罪の結果として得られるすべての収益を剝奪し、その中に犯罪の結果価値が上がったものの販売の利益を含ませることは当然検討に値しよう。ただ、アメリカの場合と同様、犯罪の結果有名になって価値が上がったかどうかをどう判断するか、犯罪の結果有名となって価値が上がったもののすべての利益を剝奪するのが妥当かどうかにはさらに検討が必要なのではなかろうか。

## 有罪判決を受けた人の資産をすべて剝奪すべきか

さらに、現在のニューヨーク州法のように、犯罪の結果かどうかにかかわりなく、有罪判決を受けた人が得た資産をすべて被害者救済に回すことが正当化されるかどうかは難しい問題である。損害賠償判決が確定していれば、新たな収益はすべてその支払いに回すことは許されるであろう。しかし、犯罪と関係なく得られた収益や資産までもすべて剝奪して、被害者による損害賠償に回すことを確保することまで必要があるのかどうかは議論の余地があろう[36]。ニューヨーク州の事例では、受刑者がその権利侵害を理由に州を訴えて得られた損害賠償金をも被害者の救済に回している。日本的に言えば、違法な拘禁などを理由に国家賠償請求で国や地方公共団体から支払われた損害賠償金をも、被害者救済に回すということである。果たしてそこまですることが必要なのかどうか、異論もありうるところであろう[37]。

しかも、このニューヨーク州法の「有罪判決を受けた人の資産」剝奪規定は、有罪判決を受けた人が州の刑事司法制度のもとにある限りで適用されうるが、ニューヨーク州法には、終身監督制度[38]が適用される犯罪がある。これが適用される限り、有罪判決を受けた人の資産は一生剝奪の対象となる。果たして、それでも正当化されうるかどうか疑問なのではあるまいか。

## 3　犯罪被害者の損害賠償請求権を考え直す

### 犯罪被害者の損害賠償訴訟の時効を延長する

さらに「サムの息子法」は、犯罪被害者の持つ損害賠償請求権のあり方についても、再考を求めているのかもしれない。

まず、すでに見たように、サムの息子法は、ある意味で、犯罪被害者の損害賠償請求の時効を修正したものと見ることができるかもしれない。そうであれば、一つの代替方法として犯罪被害者の損害賠償訴訟の時効を延長するないし廃止することも考えてよいかもしれない。

通常の不法行為の損害賠償訴訟の時効はアメリカでは一般に短い。すでに見たように、ニューヨーク州の場合、犯罪被害者が死亡した時にも二年以内に損害賠償訴訟を提起することが求められる。また、ニューヨーク州では、判決で確定した金銭判決も、二〇年間で時効となる。したがって、犯罪を犯して有罪判決を受けた人が、その犯罪行為に関して表現行為を行って収益を上げても、加害行為からは期間が経過していて、もはや被害者は訴訟を提起できない場合が多い。カナダでも、例えばブリティッシュ・コロンビア州では、不法行為の損害賠償請求の時効は二年であり(ブリティッシュ・コロンビア州時効法第六条)、しかも確定判決の時効も一〇年である(第七条)。しかも、不法行為請求の除斥期間は、一五年である(第二一条)。時効の中断の事由は列挙されており(第二五条)、そう簡単には中断は認められそうもない。だからこそ、「サムの息子法」の必要性が主張されたわけである。だが、その合憲性に疑問の余地がある現在、いっそのこと犯罪被害に関する不法行為訴訟の時効を延長するないし廃止することによって、犯罪被害者家族の保護を図れないであろうか。

そこで、ニューヨーク州は、一九九二年には、犯罪被害者に限って犯罪被害に対する損害賠償訴訟の時効を七年に延長にした上で（ニューヨーク州民事訴訟法及び規則第二一三b条）、「サムの息子法」により被害者に収益がエスクローされてから五年の間に訴訟提起を認めることで、犯罪被害者に限って被害者救済を確保しようとしたものと見ることができる。[39]その後、二〇〇一年には、一定の重罪の暴力的犯罪の被害者に関しては、時効は一〇年に延長されている（同）。明らかに、時効を延長することによって被害者救済を図ろうとしたものと思われる。

ただ、時効制度は、一定の期間が経過した場合には、もはや損害賠償訴訟を認めるべきではないという判断に基づくものと思う。一般に時効制度は、紛争を一定の期間内に解決させることによって、それ以降の法定安定性を確保すると同時に、あまりにも期間が経過して証拠や記憶が薄れてしまった場合の裁判の困難さに対処するという趣旨に基づいている。ところが、「サムの息子法」は、収益があった時には（ニューヨーク州の場合は、さらに有罪判決を受けた人に資産が入った段階で）、事件から何年が経っていても再び時効がある意味で「解除」され、損害賠償訴訟の提起が認められる。果たしてこのような特別な時効解除が、時効制度そのものの趣旨と矛盾しないのかとの問題は残されている。[40]

## 日本でも時効を延長すべきか

日本でも、「サムの息子法」を導入する場合には、不法行為訴訟の時効との関係をどうするのか議論する必要があろう。日本では、すでに見たように、不法行為の損害賠償請求訴訟の短期時効は三年であり、除斥期間は二〇年である。犯罪を犯して有罪判決を受けた人が、その犯罪に関する表現行為を理由として収益を得ることは、時効期間経過後のこともありうるから、いっそのこと、犯罪被害者に限って、不法行為の損害賠償請求の時効を延長するないし廃止するということも考えられる。また、損害賠償義務が確定判決で確定している場合も、この判決の時効は一〇年であるので、それが失効しない前に中断を求めない限りは、一〇年で失効してしまう。とすれば、犯罪被害者の持つ確定判決の債権についてだけは、時効を延長ないし廃止するということもできる。そうすれば、犯罪を犯して有罪判決を受けた人に新たな収益があった時に、それから訴訟を提起する、あるいは確定判決を執行することが可能になろう。

ただ、日本でも、これまでに例えば福島の原発事故の被害に関して、時効を延長する措置がとられたことがあるなど[41]、特別の災害に関して時効を延長する例はないではない。しかし、犯罪被害者の被害に限ってニューヨーク州のように時効を延長したり、一旦は時効が成立した後で、時効を解除して、再び訴訟の提起を認めたりした例はないのではないかと思われる。果たして、そのような制度が望ましいのかどうか検討が必要とされよう。

しかも、不法行為訴訟の時効を延長することが、果たして犯罪被害者の救済につながるのかどうかという問題もある。日本では、犯罪被害者救済の一環として、殺人罪など一定の犯罪については、刑事裁判の間に損害賠償命令の申し立てをすることができるようになっている（犯罪被害者等の権利利益の保護を図るための刑事手続に付随する措置に関する法律第二三条）。この申し立てをすると、刑事事件を担当した同じ裁判官が、有罪判決のあと四回以内の審理で(第三〇条第三項)、刑事裁判で提出されたすべての証拠を用いて(同第四項)、刑事被告人の損害賠償義務について判断することができる。出された損害賠償命令(第三二条)に対して刑事被告人は異議を申し立てることができ(第三三条)、その場合は、裁判所に通常の訴訟の提起があったものとみなされ(第三四条)、刑事裁判の事件の記録が原則として地方裁判所に送付されて、そのまま証拠として用いられうる(第三五条)。明らかにこの制度の方が、犯罪被害者には有益ではないかと思われる。とすれば、日本では、犯罪被害者にとっては、不法行為訴訟の提起を待って、収益があるのを期待するよりは、まず刑事裁判の中で損害賠償命令の申し立てをすることを選択するのではなかろうか。とすると、刑事裁判が終了した直後に、損害賠償命令が出され、被告人がこれを受け入れれば、損害賠償義務が確定する。その場合、被告人に損害賠償を支払う資産があるかどうかは疑問である。「サムの息子法」は、損害賠償が確定した段階では被告にその損害賠償を支払う資産がないが、将来、その犯罪行為に関して表現行為を行うことによって収益があった時に、その収益を損害賠償の支払いに充てることを強制するという効果を持つことになる。とすれば、犯罪被害者の損害賠償訴訟の時効を延長するだけではなく、やはり確定判決の時効も延長ないし廃止することを考える必要があろう。

「サムの息子法」を日本に導入するということは、結局のところ一定の犯罪被害者による損害賠償請求権についてだけ、このような不法行為の時効の特別規定を設けるのと同じ結果となろう。「サムの息子法」の導入にあたっては、この点を十分自覚した上で行う必要があろう。

## 殺害に対する損害賠償訴訟で収益も回収できるか

次に、とりわけ殺人事件などの重大な犯罪の被害者家族の持つ損害賠償請求権の範囲についても、再考が求められるかもしれない。

日本では損害賠償制度は、あくまで原告が被った損害に対する賠償の制度である。その際、通常、交通事故などの過失致死の事例では、得べかりし利益として生涯賃金を計算して損害額が算定される。つまり、生きていれば得られたであろう利益もが、損害額に算入されるわけである。これに対し、有罪判決を受けた人が将来犯罪に関して表現行為を行った時に得られるかもしれない収益は、通常期待できる収益ではない。したがって、通常の不法行為の損害賠償訴訟では、加害者が将来その犯罪に関して表現行為を行って得られるかもしれない収益のような、不確定的な将来受けられるかもしれない収益をも損害額に算入することは困難なのではないかと思われる。

ただ、殺人などの、重大な犯罪を犯した場合には、殺人行為に対する損害は賠償請求可能であるから、たとえ判決の時点で、被告人に資産がなくても、損害賠償額を確定しておいて、将来収益があった時に、それに対して強制執行を行うという可能性はある(ただし、裁判で確定した金銭債務の時効は一〇年であるから、損害賠償義務が確定しても、一〇年以内に執行しなければ、結局損害賠償義務は無意味になってしまうが、時効の中断を求めることが可能であることはすでに見た)。ただ、犯罪を犯して有罪判決を受けた人が受ける収益が、その加害行為による損害額を上回ると、その収益は全て回収されることなく、加害者に残されることになる。犯罪被害者の家族には、これは不条理に思われるかもしれない。

さもなければ、殺人行為があった後、一旦被害者に損害賠償請求を認めておいて損害賠償を認め、さらに将来有罪判決を受けた人に収益があった場合に、再度犯罪被害に対する損害賠償訴訟の提起を認めなければならない。しかし、そうすると、殺人行為という一つの不法行為に対して再度損害賠償を認めることになってしまう。通常、不法行為に対する損害賠償訴訟は、不法行為に対して提起して、すべての損害の賠償を求めることになるから、このような一つの不法行為に対して複数の損害賠償請求を認めるとなると、それをどう説明するのかが問題となろう。

## 収益に対する訴訟を別個の不法行為訴訟と見るべきか

もしこのような障害を避けようとすると、再度の損害賠償訴訟を、犯罪行為それ自体ではなく、犯罪行為の結果としての被害者家族に対する新たな損害に対する賠償請求であって、初めの訴訟で請求されなかった損害に対する賠償請求だと考えるか、新たに犯罪に関する表現行為を行ったことを理由にする損害賠償請求だと考えるほかないかもしれない。

実際、アメリカでも、犯罪を犯して有罪判決を受けた人がその犯罪に関する表現行為から得る収益に対して提起される被害者家族からの請求を、とりわけ、不法行為の時効が経過した後訴訟が提起された場合、殺害行為による不法行為責任とは異なる別個の法律上の訴訟と見るべきかどうかが問題とされている。[42] それは、請求の対象が、有罪判決を受けた人があげた収益に対して向けられていること、原告が受けうる賠償額は、殺害行為による不法行為の損害に限定されていないこと、それゆえ原告がこの訴訟で得られる賠償は不法行為の賠償額を上回ることが可能であることから明らかだという。ネバダ州最高裁判所は、したがって、同州の「サムの息子法」は単に不法行為訴訟の時効期間を延長しただけで、表現内容に基づく制約ではないという主張を退けている。その上で裁判所は、この新たな法律上の訴訟原因の創設が、表現活動による収益だけに課され、しかも過大包摂であるという欠陥を抱えている以上、法律は修正第一条に反するという結論は変わらないとしたのであった。

実は、「サムの息子法」により、犯罪を犯して有罪判決を受けた人に対して、被害者の家族が民事訴訟を提起し、エスクローされる収益から賠償を回収するこの訴訟の性格をどう見るべきなのかはっきりしていないような印象を受ける。確かに、ネバダ州最高裁判所のように、この訴訟を、犯した犯罪による不法行為に対する損害賠償訴訟とは別個の法律上の訴訟だと見ることもできる。ただ、そうすると、被害者の家族からの請求に対する支払いに充てた後エスクローされた収益が残った場合に、残った収益を有罪判決を受けた人に返還したり、州の歳入に帰属させたり、被害者基金にまわすことが想定されているのと相容れないような感じがする。収益に対して新たに訴訟の提起を可能にするのであれば、収益を上げたことによる損害の賠償を求める訴訟ということになり、収益が残るというのは想定困難だからである。しかも、収益がエスクローされて、加害者の有罪が確定した段階で、すでに民事の損害賠償訴訟の判決が確定していれば、その収益をその損害賠償の支払いに充てることが想定されていることは、被害者の家族が持っているのは、殺害行為による不法行為に対する損害賠償請求権だと考える方が自然のような気がする。

しかも合衆国最高裁判所は、「犯罪の被害者が、被害者に危害を加えた人によって賠償されることを確保する、やむにやまれない利益を州が有している」ことに疑いはないと述べている。そして、そのために不法行為法が存在し、被害者が損害賠償を得る前に加害者が資産を散財しないよう確保するという州の利益のゆえに、仮の救済や利益返還命令を求めることができるという規定が存在するという。そして、有罪判決を受けた人が犯罪に関して行った表現行為から得られる収益を「犯罪の収益」と言えたと仮定すると、州には、犯罪人からその犯罪で得た利益を剝奪するという利益と、その収益を被害者の賠償に充てるという利益という、やむにやまれない利益が存在すると判断している。このことは、被害者又は被害者遺族が、エスクローされる収益に対して持つ権利利益は、犯罪行為によって被った損害に対する賠償請求権であって、犯罪に関する表現行為によって新たに被害者又は被害者遺族に生じる損害に対する別個の請求権ではないと想定されていることを意味する。

## 別個の不法行為訴訟は正当化されるか

他方で、もし犯罪を犯して有罪判決を受けた人がその犯罪に関する表現行為によって得る収益に対して被害者家族が提起する民事訴訟を、殺害行為による不法行為訴訟とは別個の法律上創設された訴訟だとすると、一体それはどのような性格の訴訟なのかとの問題を生じさせる。これは、一種の不当利得返還請求に類似した訴訟ではあるが、すでに見たように、犯罪に関する表現行為から得た収益を、本来被害者ないしその家族が受領すべき利得だと見ることには無理がある。とすると、これは法律上創出された一種の不法行為訴訟だと見るほかないものと思われる。

では、この不法行為訴訟の保護法益は何であろうか。最も自然なのは、犯罪を犯して有罪判決を受けた人がその犯罪について表現行為を行ったことにより、被害者の家族が更に傷ついたことに対する損害の賠償だと考えることであろう。つまり、これは、表現行為に対する被害者の家族の感情の保護である。

しかし、合衆国最高裁判所は、サイモン・シュスター事件において、「サムの息子法」について、犯罪に関する表現行為を読者の保護のために正当化することができないことを認めている。つまり、州は、有罪判決を受けた人が犯罪に関して表現行為を行ったことにより、犯罪の被害者が再び被害を繰り返すことによって被る苦痛を理由として、犯罪に関する表現行為を制限することはできないというのである。しかも、合衆国最高裁判所は、一貫して、表現が不快であって、誰かの感情を傷つけたとしても、それを理由に刑罰を加えることも、それを不法行為として損害賠償を認めることも許されないと判断している。

例えば、もっと最近の事例としては、スナイダー対フェルプス事件[43]が有名である。海兵隊のマシュー・スナイダーは、イラク駐留中に戦闘外の交通事故で死亡した。マシューの葬儀の際に、ウエストボロ・バプティスト教会のメンバーが、その指導者であるフレッド・フェルプスの指導のもと、葬儀の場の近くの公道上でアメリカの軍隊内における同性愛者の受け入れに抗議する集会を開いた。教会のメンバーは、合衆国中の他の軍人の葬儀に際しても、同様の抗議集会を開いていた。抗議集会では、「アメリカはおしまいだ」、とか「地獄に行け」とか、「神はお前たちを憎んでいる」といったプラカードを掲げていた。マシューの父親、アンドリュー・スナイダーは、フレッドや教会などを相手に損害賠償訴訟を提起した。故意に精神的苦痛を負わせたことなどを理由としていた。しかし合衆国最高裁判所は、抗議活動によって葬儀自体は何ら妨げられなかったこと、抗議集会が葬儀の場からかなり離れた場で行われていたことを指摘し、抗議集会での表現は公共の利害に関する表現であり、たとえそれがあまりにも行き過ぎのように思われたとしても、損害賠償を認めることはできないと判断した。たとえその表現によって傷ついた人がいたとしても、それを理由によって損害賠償を命じることは修正第一条に反するというのである。

日本の最高裁判所は、精神的苦痛に対する損害賠償の余地をもっと広く認めており、合衆国最高裁判所のような厳しい姿勢をとってはいない。しかし、表現の自由の保障の観点から言えば、合衆国最高裁判所が認めるように、表現の結果誰か傷ついた人がいたとしてもそれだけで損害賠償訴訟を認めることは憲法第二一条に反するように思われる。表現は、それを聞いた人又は読んだ人に感動を呼び起こしたり、反感を呼び起こしたりした方が効果的にメッセージを伝達できる。当然、いかなる表現であっても、それが効果的であればあるほど、その結果傷つく人がいる。もし誰かが傷ついて損害賠償訴訟を提起できるとなれば、誰の反感も買わない表現しか許されなくなる。そのような世界には、到底表現の自由があるとは言えない。

しかも、表現の自由の保障が最も必要なのは、社会の中で多数の者によって支持されない、いわば嫌われている表現である。そのような社会で嫌われている表現こそが、その表現が社会の多数者にもたらす反感や不快さのゆえに、損害賠償請求の対象となりやすい。著しい精神的苦痛を与えたことを理由に損害賠償訴訟を認めることは、まさにこのような社会において嫌われている少数者の表現を排除することを許すことになる。それこそ、表現の自由の保障の根幹を掘り崩すものであろう。

それゆえ、犯罪を犯して有罪判決を受けた人が、その犯罪に関して行う表現行為に対して、別個の不法行為として被害者の家族に損害賠償訴訟を認めることは正当化されえないというべきであろう。

## 4　どのようにして支払いを確保するか

犯罪を犯して有罪判決を受けた人が、その犯罪に関して行う表現行為によって収益を上げた場合に、その収益を被害者救済に回すとして、それをどのようにして確保するのかも検討しなければならない問題である。

犯罪を犯して有罪判決を受けた人がその犯罪に関して表現行為を行って収益を得たときに、その有罪判決を受けた人に対し、国又は被害者救済機関への告知義務を負わせても、それに従うとの保障はない。違反行為に対して刑罰を加えることは可能であるが、それでも、それで収益を確保できるとは限らない。被害者救済を図るためには、何らかの収益を確保するための実効的な措置が必要かもしれない。有罪判決を受けた人に、受け取った収益を国又は被害者救済機関に支払うことを義務付けたり、エスクローを義務付けたりした場合にも、当然それに従わなかった場合にどうするのかを考えなければならない。

犯罪を犯して有罪判決を受けた人とその犯罪に関する表現行為を理由に報酬その他の対価の支払いを契約した出版社等に、その契約の事実を国又は被害者救済機関に告知することを義務付ける措置は、収益を確保するための一つの措置と見ることができる。有罪判決を受けた人と異なり、出版社の方がその義務に従う可能性は高いと思われるからである。しかも、その義務に違反した場合には、違反行為に対して刑罰を加えることも考えられる。このような刑罰が憲法に反しないかどうかには疑問の余地もあるが、ただ刑罰を加えただけでは、収益を直接確保することはできない。被害者救済を図るためには、刑罰でもって間接的に契約の告知義務を担保するだけではなく、何らかのより実効的な措置が求められるかもしれない。さらに、有罪判決を受けた人と、その犯罪に関する表現行為を行う契約を締結した出版社に、国の機関に収益をエスクローないし供託させる制度を導入した場合にも、出版社がその義務に従わなかった場合にも、どうするのかを考えなければならない。

同様のことは、契約の事実の告知を出版社に義務付けておいて、犯罪被害者に収益の存在を通知して、犯罪被害者に損害賠償訴訟の提起を促す場合にも存在する。訴訟提起から判決確定の間に、有罪判決を受けた人が収益を浪費する可能性もあるから、犯罪被害者はまず仮処分を求め、有罪判決を受けた人が収益を浪費しないよう仮の処分を求める必要がある。アメリカでは、この裁判所の命令に違反した場合、裁判所侮辱として処罰することが可能であるが、日本では、裁判所の命令に従わなくても、裁判所侮辱として処罰することを認める法律は存在しない。

この点は、アメリカの「サムの息子法」を見ても、必ずしも決定的な打開策はないようである。有罪を受けた人が収益を浪費しないように確保するためには、裁判所に仮の救済を求め、収益を差し押さえ、裁判所の選任する管理人に管理を委ねる強制的な信託に付し、一定の金融機関に管理させるなどの方策をとるほかはないであろう。

この点、通知義務および支払い義務を課し、収益を被害者のために確保するためにも、有罪判決を受けた人の収益であれば、それを差し押さえることが考えられる。これに対し、これから報酬を支払おうとする出版社等から、どう報酬等を確保するのかは厄介である。ニューヨーク州の法律のように、その収益と同額の課徴金を出版社に課し、その課徴金を徴収するというのは一つの考え方であろう。課徴金であれば、国は強制執行を行って、その課徴金を徴収することができる。ただし、支払われる報酬と同額の課徴金ということになれば、その金額は巨額にもなりうる。罰金ではなく課徴金であるから、その金額が大きくても残虐で異常な刑罰には当たらないとされるであろうが、通知義務という一種の形式的な法律違反に対する制裁として、比例性を欠いていないかどうか問題となる余地はあろう。

## 5　有罪判決を受けた人の代理人

**代理人**

「サムの息子法」は、犯罪を犯して有罪判決を受けた人が、その犯罪に関して表現行為を行って収益を得ることを阻止しようとしている。これに対し、出版社、テレビ番組制作者や映画製作者が、有罪判決を受けた人と直接契約するのではなく、有罪判決を受けた人の授権を受けた第三者を媒介して契約を結んで、犯罪に関する書籍、テレビ番組や映画を制作することもあるし、犯罪を犯して有罪判決を受けた人の家族又は近親者に対価を払って情報を入手することもある。[44]「サムの息子法」を制定する場合には、このようなケースにも適用すべきかどうか、適用するとした場合にどのように適用するのか難しい問題が生じる。

このような事態に対処するためには、アメリカの「サムの息子法」のように、有罪判決を受けた人とその「代理人」に収益が渡る場合に収益を剝奪するのが、一つの方法であろう。ただ、その場合、有罪判決を受けた人と代理人契約を結んだ第三者は「代理人」と言えるであろうが、家族又は近親者がただそれだけの理由で「代理人」と言えるかどうか定かではない。カナダの統一モデル法案では、家族は代理人と推定されている。それに従ったサスカチュワン州の「サムの息子法」などでも、家族又は近親者は、有罪判決を受けた人の代理人と推定されている。しかし、犯罪に手を貸したわけではない、これら家族や近親者が、家族又は近親者であるというだけで、有罪判決を受けた人の代理人とみられ、犯罪に関する表現に対して収益を剝奪されなければならないのかどうかには疑問があろう。

## マス・メディアを代理人とみなす

これに対し、カナダのモデル法案やそれを踏襲したサスカチュワン州の州法のように、犯罪を犯して有罪判決を受けた人又はその代理人を超えて、第三者にまで収益の受領を禁止すること、その違反に対して刑罰を加えることは到底正当化されないのではなかろうか。すでに見たように、このような執筆者やマス・メディアは、犯罪に関してその背景を探り、なぜその犯罪を防げなかったのか、警察の対応は適切だったのかなどを国民に知ってもらうために表現しているものと思う。それをもっぱら収益のためのものだと決めつけるのは妥当ではあるまい。

同様に、犯罪行為に関する書籍の出版契約が、有罪判決を受けた人以外の執筆者と結ばれ、有罪判決を受けた人へのインタビューなどに伴い、有罪判決を受けた人へ対価が支払われた場合に、マス・メディアを、有罪判決を受けた人の代理人とみなして「サムの息子法」の適用を正当化することもありうる。しかし、このような立場は、やはり到底支持されえないように思われる。マス・メディアは、自ら犯罪に手を染めたわけでもないし、犯罪に手を貸したわけでもないのであるから、それを加害者の代理人と決めつけるのは、行き過ぎというべきであろう。

## 6 著作権

### 著作権法の改正が必要か

すでに見たように、カナダでは連邦の没収規定改正法案の審議の際に、著作権保護との関係も問題とされた。犯罪を犯して有罪判決を受けた人が、その犯罪に関する表現行為を行った場合、そこで創出された作品に対しては、著者である有罪判決を受けた人が著作権を取得する。通常であれば、その著作権を行使して、その公表、その利用から収益を得ることは、著作権の保護の範囲内の行為である。ところが、犯罪を犯して有罪判決を受けた人が、その犯罪に関して行った表現行為から得られる収益をも剝奪し、被害者救済に充てることになると、その限りで、著者の著作権が制限されることになる。このような著作権の制限を導入するためには、もちろん著作権法を改正し、このような制限を明記しなければならない。ただ、カナダの議論では、これが著作権保護に関する国際条約などでカナダが負っている著作権保護の国際法上の義務に反しないかどうかが問題とされた。このような議論は、アメリカではほとんど聞かれない。修正第一条の表現の自由の保護の方がより正面に出ているので、著作権の問題を議論する必要はあまり感じられていないのかもしれない。また、アメリカでは著作権について規定することは連邦議会の権限であって、州法では規定できないから、著作権の問題には触れていないのかもしれない。

確かに、著作権法の仕組みから見ると、犯罪を犯して有罪判決を受けた人が、その犯した犯罪について表現行為を行った時に、その収益を剝奪するためには、著作権法を改正し、著者である有罪判決を受けた人から、著作権を剝奪し、国に帰属させた方がよいような気がする。日本で「サムの息子法」を導入するとなれば、国会が法律を制定する必要があるから、同時に著作権法を改正することが可能であるし、またその方が実際的であろう。このことは、犯罪を犯して有罪判決を受けた人がその犯した犯罪に関して行った表現を狙い撃ちにしないで、すべての犯罪の結果の収益を剝奪する仕組みをとった場合でも同様である。

## 著作権法を改正することは、著作権条約に反しないか

このように著作権法を改正することは、国内法的には憲法に反しない限り可能であるが、ただ日本は様々な著作権保護の国際条約を批准している。したがって、著作権法を改正し、著者から、収益を受け取ること、つまりその著作権を制限することは、日本が負っている国際法上の義務に違反しないのかとの問題を生じさせると思う。だからこそ、カナダの連邦議会で、連邦の法改正をめぐって大きな論点となったのである。

一九七一年に締結され、日本も一九七五年に批准した「文学的及び美術的著作物の保護に関するベルヌ条約パリ改正条約」によれば、文芸、学術及び美術の範囲に属するすべての製作物は「文学的及

び美術的著作物」と定義され（第二条第一項）、条約の締約国の国民である著作者の著作物には条約の保護が及ぶ（第三条第一項）。そして著作者は、この条約によって保護される著作物に関し、複製権などを保障される（第九条第一項）。この複製権には制限を設けることができるが、「当該著作物の通常の利用を妨げず、かつ、その著作者の正当な利益を不当に害しないことを条件とする」（第九条第二項）。

犯罪を犯して有罪判決を受けた人から表現行為の収益を剝奪することは、おそらく著作権者である著者の著作物の通常の利用を妨げることになるものと推測される。ただ、犯罪を犯して有罪判決を受けた人が、その犯罪に関する表現行為から得られる収益を他の犯罪の収益と同じく剝奪することは、「著作者の正当な利益を不当に」害することにはならないと考えることも可能であろう。もしそう考えることができれば、著作権法を改正して、この場合に限って著作権を制限することは、ベルヌ条約に反しないということができよう。

**著作権法を改正することは憲法第二一条に反しないか**

では、犯罪を犯して有罪判決を受けた人が著作物を執筆したときに、著作者からその表現行為の収益を剝奪することは、憲法第二一条の表現の自由の侵害とはならないか。

この点、従来、著作権保護と表現の自由の関係についてはあまり詳細な検討はされてこなかった。著作権制度は、著作物の創出を促進するために著者に対して一定期間その作品の経済的利益を排他的に独占させることを認める制度であり、結果としてその著作物を利用する著者以外の人の表現の自由の制約となる。しかし、一般的に言えば、憲法は、表現に対して著作権を付与し、著作物として保護することを義務付けてはいないように思われる。それゆえ、国会が著作権法を新たに制定し、又は改正して、一定の表現から著作権の保護を奪ったとしても、そのこと自体では表現の自由の侵害とは言えないと思う。

ただし、「サムの息子法」について検討してきたように、犯罪を犯して有罪判決を受けた人がその犯罪行為に対して行った表現行為に限定して収益を剝奪することは憲法上許されないのではないかと考えられる。とすれば、「サムの息子法」を導入し、著作権法を改正する必要性があるとすれば、それは著作物利用の対価について、犯罪の結果の収益が剝奪される結果として、一定の制約を受ける可能性があることを明記する点だけであろう。収益の剝奪が憲法上正当化される限りでは、著作権の制限も認められるのではなかろうか。

# 結びに代えて

## 『絶歌』の出版はどう考えるべきだったのか

「はじめに」でも述べたように、「サムの息子法」に強い関心が寄せられ、日本でも日本版の「サムの息子法」を導入すべきかどうかの議論が巻き起こったのは、神戸連続児童殺傷事件を起こしたとされる元少年Aによる『絶歌』の出版を契機としている。では、元少年Aによる『絶歌』の出版をどう考えるべきだったのであろうか。

これまで見てきたように、現在では、この書籍の出版を阻止する措置は法律的に制度化されていない。このような書籍の出版を禁じた法律規定は存在しないのである。また、被害者又は被害者家族が民事訴訟を起こして出版を差止めることも難しいものと推測される。名誉毀損にも、プライバシー侵害とも言えないのではないかと懸念されるからである。また、犯罪に関する表現物の中から、犯罪を犯して有罪判決を受けた人によるものだけを捉えて、精神的苦痛を理由に損害賠償請求することも難しいと思われる。[1] さらに、現在の法制度のもとでは、この書籍の出版から得られる収益を強制的に剝奪して被害者又は被害者家族に回す制度は存在しない。したがって、もし元少年Aが自発的に収益を被害者救済に充てたいと希望すれば別であるが、そうでない限りは、元少年Aが印税を受け取ることを阻止することはできない。もし自発的に被害者又は被害者遺族に渡したいと申し出があっても、被害者又は被害者遺族に受け取る意思があるかどうかは別問題である。被害者又は被害者遺族としては、自発的な申し出であれば、その受け取りを拒否する可能性が少なくないのではないかと推測される。

ただし、被害者男児の両親は、事件の後、元少年A及びその両親を被告として総額約一億四百万円の損害賠償を求める民事訴訟を提起しており、元少年Aの両親は、争う姿勢を示さなかったため、賠償額がそのまま認められている。元少年Aの両親は、その手記の出版で得た収益などでその支払いに充てているようである。元少年Aは、今回の『絶歌』出版から得られる収益も賠償に充てたいとの意向を示しているようであるが、[2] 実際に被害者遺族がそれを受け取ったのか、あるいは損害賠償に充てたのかどうかははっきりとわかっていない。[3] しかし、この確定した損害賠償義務を執行するという形であれば、強制的に収益を剝奪することは可能である。

### 「サムの息子法」を制定すればどうか

では、「サムの息子法」を新たに制定して対処する可能性はどうであろう。

まず、おそらく被害者の遺族が望むような、犯罪を犯して有罪判決を受けた人がその犯罪に関して表現行為を行うことを禁止するような法律は、すでに見たように、明らかに憲法に反し許されないと言わざるをえない。たとえ法律を制定しても、元少年Aによる『絶歌』の出版を禁止することは日本でも困難だと言わざるをえない。

他方で、もし憲法第二一条の基準を満たすような「サムの息子法」が制定されていれば、日本でも犯罪を犯して有罪判決を受けた人がその犯罪に関する出版から得る収益を剝奪し、被害者の救済に充てることは可能である。ただ、その場合、神戸連続児童殺傷事件の被害者の家族がこれで納得してもらえるかどうかは定かではない。

しかも、この事件の場合、犯罪加害者が少年であり、少年事件として保護手続に付され、家庭裁判所で保護が命じられた点で、一般の刑事事件とは異なるものがある。元少年Aは、起訴もされておらず、それゆえ犯罪を犯して裁判の結果、有罪判決を受けたものでもなければ、犯罪の事実が認められながら心神喪失を理由に刑事責任を問われなかったわけでもない。したがって、アメリカのニューヨーク州の「サムの息子法」のもとでもカナダのオンタリオ州の「サムの息子法」のもとでも、収益を剝奪することはおそらく難しいであろう。

ただし、アメリカでもカナダでも、多くのところでは、少年事件であっても、一定の凶悪事件については、成人としての起訴が認められている。例えば、ニューヨーク州では、少年法の適用があるのは、一六歳未満の少年に限られ、七歳から一五歳の未成年者で非行を犯したものは家庭裁判所の保護手続に付されるが、一三歳から一五歳の未成年で一定の凶悪事件を犯した未成年者は、成人事件として刑事裁判所で審理される（ニューヨーク州刑法典第三〇条第二項）[4]。したがって少年が起こした犯罪であっても、成人事件として起訴され、有罪判決を受けた場合には、「サムの息子法」の適用があるものと思われる。少年であっても、成人として公判を経て有罪と認定されているのであるから、そのこと自体には憲法問題は存在しないかもしれない。これに対し、成人事件として起訴されなかった少年の場合は、家庭裁判所の保護手続がとられるので、この場合には公判手続はとられない（ニューヨーク州家庭裁判所法第三条）。少年には有罪判決は言い渡されない。

カナダでも、一二歳から一八歳未満の少年による非行事件には、警告などの裁判外の措置がとられる建前であるが、少年裁判所による裁判的措置がとられることもある。さらに、一四歳以上の少年には、成人のための刑事裁判所に送致されて、成人として裁判を受けて、成人としての刑罰が科される場合があった。しかも、かつては、一六歳から一七歳の少年が一定の殺人などの重大事件を起こした場合には、成人裁判所への送致を推定する規定があったが、現在は、この成人裁判所への推定的送致はとられていない。その代わり、現在では、すべての少年事件は少年裁判所でまず裁かれ（カナダ少年刑事裁判法第一四条第一項）、一四歳以上の少年が正式起訴で起訴される犯罪を犯し、二年以上の禁固刑が科される場合には、成人としての刑罰を科される形となっている（第六四条第一項、第七二条）。また、一時期、一四歳以上の少年で凶悪な暴力的犯罪を犯した場合には、この成人としての刑罰を科すことの推定規定が置かれていた。したがって、少年の側で成人としての刑罰ではなく少年としての刑罰が妥当であると証明しなければならなかった。しかしカナダ最高裁判所は、この推定は、少年は未成熟なので過ちを犯すことがあるため道義的な責任の度合いが低いことに照らし、権利及び自由の憲章の規定と相いれないとして違憲と判断した。[5] その結果、この推定規定は削除され、一定の凶悪事件についても成人としての刑罰の選択を法務総裁の裁量に委ねるように改正されている（第六四条第一・一項）。[6] この成人としての刑罰が求められた時の少年裁判所の手続は、弁護人依頼権を保障した対審手続である（第六七条第九項）。[7] 少年が有罪答弁をして、少年裁判所がそれを相当と認めれば、有罪と認定する。少年が否認するか、少年が有罪答弁をしても裁判所がその答弁を相当と認めなかった場合は、対審を開いて、有罪か無罪かを判断する仕組みである。陪審裁判をとることもできる（第六七条第六項)。したがってカナダのモデル法案は、少年刑事裁判法で有罪と認定があった場合には、成人に対して有罪判決があった場合と同様、「サムの息子法」の適用を認めようとしたのであろう。

これに対して日本では、少年は二〇歳未満の未成年を指し(少年法第二条第一項)、アメリカやカナダと異なり、一八歳及び一九歳でも少年である。日本では、刑事責任を問われるのは一四歳からであるから(刑法第四一条)、一四歳未満の少年が刑罰法令に触れる行為をした場合と、一四歳以上の少年が罪を犯した時には、家庭裁判所の保護手続にかけられることになる(少年法第三条)。家庭裁判所に送致された後、家庭裁判所は、「死刑、懲役又は禁錮に当たる罪の事件について、調査の結果、その罪質及び情状に照らして刑事処分を相当と認めるときは、決定をもつて、これを管轄地方裁判所に対応する検察庁の検察官に送致しなければならない」(同第二〇条第一項)。しかも、家庭裁判所は、「故意の犯罪行為により被害者を死亡させた罪の事件であつて、その罪を犯すとき一六歳以上の少年に係るものについては、同項の決定をしなければならない。ただし、調査の結果、犯行の動機及び態様、犯行後の情況、少年の性格、年齢、行状及び環境その他の事情を考慮し、刑事処分以外の措置を相当と認めるときは、この限りでない」(同第二項)。そして検察官に送致された後、検察官に起訴されれば、通常の刑事訴訟法にしたがって刑事裁判を受けることになる。これは、二〇〇〇年の改正によって加えられた修正であり、それ以前は、一六歳に満たない少年については、検察官送致はできなかった。二〇〇〇年の改正は、これを一四歳から検察官送致が可能なように修正し、一六歳以上の少年については凶悪事件について原則、検察官送致を義務付けたものである。

したがって、神戸連続児童殺傷事件を犯したとされる元少年Aは、犯行当時一四歳で、しかも犯したとされる犯罪はアメリカやカナダであれば謀殺罪、おそらく第一級謀殺罪に当たるものと思われるので、アメリカであれば成人事件として起訴され、刑事裁判で有罪とされる可能性がある。カナダでも、少年裁判所に起訴されて有罪とされ、成人としての刑罰を受ける可能性もある。とすると、アメリカでもカナダでも「サムの息子法」の適用の可能性がありうる。しかし、日本の少年法では、これらアメリカやカナダの少年司法制度とは異なり、神戸連続児童殺傷事件の時点では、たとえ凶悪な殺人事件を犯しても一四歳の少年を検察官に送致し刑事裁判にかけることは想定されていなかった。

元少年Aの書籍にも「サムの息子法」を適用するためには、有罪判決を受けてもいなければ、犯罪の事実が認められながらも心神喪失を理由で刑事責任を問われなかった場合でも、さらに容疑を受けて起訴されてもいない場合でも、法律の適用対象としなければならない。おそらくその際最も合理的なのは、家庭裁判所で犯罪行為が認められ、保護が命じられたことを理由にして法律の適用対象とすることであろう。さもなければ、少年が犯罪を犯したとの嫌疑があっただけで、法律が適用され、収益を剝奪されることになり、デュー・プロセスに欠けると言わざるをえまい。

ただ、家庭裁判所で犯罪を犯したことが認められて保護が命じられたとしても、家庭裁判所の聴聞は、刑事裁判のような対審構造をとっていない。通常の保護事件の場合は検察官の聴聞への出席も認められていないし、他方で保護手続にかけられた少年及びその付添人(通常は弁護士ではあるが)にも刑事被告人に認められるような刑事手続上の諸権利が保障されてはいない。したがって、家庭裁判所で少年が犯罪を犯したと判断され保護が命じられたとしても、その判断には刑事裁判の有罪判決のような手続保障を得た上での事実認定とは異なるものがある。[8] 当然、そのような判断を理由として「サムの息子法」の適用を認めても憲法に反しないかどうかの疑問が生じよう。

同様に、民事裁判の損害賠償訴訟であれば、裁判所で加害者が不法行為を犯したかどうか、加害者に責任があるかどうかが対審で審理される。加害者の責任が確定判決で確定していれば、加害者から収益を剝奪してその支払いに充てることも可能かもしれない。しかし、家庭裁判所で保護が命じられていても、元少年A及びその保護者の民事責任はそれ自体では確定していない。少年法に基づく家庭裁判所の保護の命令と、民事の不法行為訴訟の目的は異なるし、少年法に基づく家庭裁判所の保護の判断は民事の不法行為訴訟のような対審構造になっていないからである。それにもかかわらず、家庭裁判所で保護が命じられたことをもって収益を剝奪し、被害者に配分するような仕組みを導入することになれば、デュー・プロセスの権利の侵害にもなりかねない。

このように、たとえ「サムの息子法」を制定したとしても、これを元少年Aによる『絶歌』の出版に適用するに際しては、さらに難しい問題があることに注意すべきであろう。

## 『開けられたパンドラの箱』の出版をどう考えるべきか

では、『開けられたパンドラの箱』の出版はどう考えるべきであろうか。すでに見たように、これは加害者が直接執筆した書物ではなく、関係者や専門家の意見を加えてできたものであるが、そこにも同じような問題が含まれている。この書物の場合、収益ではなく本の出版それ自体が問題となっている印象を受ける。しかし、すでに見たように、誤った危険な考えをさらに広げ、事件や加害者を肯定し、礼賛する結果を招くというのは、被害者及びその家族をさらに傷つけるというのと同じである。

このような理由で、表現を禁止した法律は現在存在しないし、また新たに法律を制定して、このような理由で表現を禁止することは許されないであろう。ただ、その動機となっているのが知的障害者に対する憎悪（ヘイト）だと捉えられることが可能であれば、この書物はヘイトスピーチに当たるとも考えられる。しかし、現在日本にはこのようなヘイトスピーチを禁止した法律が存在しないので、現在の法律を前提とする限り、この本をヘイトスピーチとして禁止することはできない。また、その表現が同種の重大事件を招くという理由で禁止するのであれば、すでに見たようにそれは一種の違法な行為の煽動の禁止と同じような考え方と言える。しかし、実際に、重大な犯罪行為を直接煽動しているわけでもないし、結果として違法な行為が発生する具体的な危険性があるとの証拠も存在しない。このような状況では、同種の重大事件を招く危険性があるという理由でも、出版を止めることはできないであろう。

誤った危険な考えが広がることに、懸念を抱く人が多いことは十分理解できる。しかし、考え方が誤っているからといって、あるいはそれが危険であるからといって、それだけの理由で表現を禁止することはできない。誤った危険な考えが広まらないようにするためには、その考えが誤っていて危険であることを指摘し、それが広がらないように働きかけることである。表現を禁止することによっては、決して誤った危険だと思われる考えを消し去ることはできないことを忘れるべきではあるまい。

## 求められる慎重な検討

犯罪を犯して有罪判決を受けた人がその犯罪に関して表現を行うことに対して、強い不快感を表明する被害者遺族及び公衆の気持ちもわかるし、犯罪を犯して有罪判決を受けた人がその犯罪に関する表現行為によって多額の収益を上げることを不快だと感じる被害者遺族及び公衆の気持ちもよくわかる。しかし、この問題は極めて微妙な問題であり、アメリカ及びカナダの経験に照らしても、そう簡単にどうすればいいのかということは困難である。

同様の問題は必ず将来も生じるであろう。このことに照らせば、「サムの息子法」制定の必要性について、検討することは必要ではないかと思う。しかし、ここで指摘した様々な問題に照らし、制定にあたっては慎重な検討が求められる。安倍晋三首相も、このような法律の制定について国会で尋ねられ、「一般論として、自己の犯した罪に関する出版物により収益を得ることを規制するような制度を設けることについては、憲法の保障する表現の自由等の観点から、慎重な検討が必要であると考えている」と答弁している。[9]

本書がこの問題をもっと真剣に考えるための素材になることを期待している。

# 注

## はじめに

1 元少年Ａ『絶歌』（太田出版、二〇一五年）。
2 産経新聞（二〇一五年六月二九日）「土師淳君の父、守さん「息子は二度殺された」「匿名で出版ひきょう」」http://www.sankei.com/west/news/150629/wst1506290010-n1.html.
3 日刊スポーツ（二〇一五年六月一五日）「元少年Ａの手記「絶歌」が物議、著名人の意見様々」http://www.nikkansports.com/entertainment/news/1492802.html.
4 太田出版ホームページ（二〇一五年六月一七日）「『絶歌』の出版について」http://www.ohtabooks.com/press/2015/06/17104800.html.
5 産経Ｗｅｓｔ（二〇一六年五月二四日）「神戸児童連続殺傷事件から一九年——土師守さん「加害男性への教育は何の意味もなかった」手記で心情を吐露」https://www.sankei.com/west/news/160524/wst1605240010-n1.html.
6 月刊『創』編集部編『開けられたパンドラの箱』（創出版、二〇一八年）。
7 朝日新聞（二〇一八年七月二二日）「やまゆり事件の被告手記、説明付きで出版　刊行に抗議も」https://www.asahi.com/articles/ASL795DFVL79ULOB00N.html.
8 J-cast news（二〇一五年六月一二日）「「元少年Ａ」の印税、差し押さえろ　日本にも「『サムの息子』法」制定望む声」http://www.j-cast.com/2015/06/12237694.html、The Page（二〇一五年七月八日）「元少年Ａ「絶歌」出版なぜ批判集まる?　「サムの息子法」は導入すべきか」https://thepage.jp/detail/20150708-00000005-wordleaf.
9 Simon & Schuster, Inc. v. Members of N. Y. State Crime Victims Board, 502 U. S. 105 (1986).

## 第一章

1　アメリカでは、一般に人を死に至らしめた時に、通常殺人罪(manslaughter)と謀殺罪(murder)に問われうる。悪意があった場合、とりわけ計画的な殺人の場合は一般に謀殺罪に問われる。それぞれの定義は、州ごとに異なる。州によっては、謀殺罪にも第一級と第二級など等級が導入されているところもある。通常、第一級謀殺罪は、悪意に基づく計画的な殺人行為に適用される。一般に謀殺罪、特に第一級謀殺罪は最も重く処罰される。

2　彼は、六人の女性らの殺害等を認める有罪答弁を行った。アメリカでは、検察官と容疑者の間の司法取引により、有罪を認める代わりに軽い刑を選択することが一般に認められている。裁判官が、有罪答弁を認めれば、公判を開くことなく、刑が宣告される。取引された刑がそのまま認められることが一般的ではあるが、稀に裁判官が取引された刑を拒否し、より重い刑を宣告することもある。ニューヨーク州では、かつては死刑が存在したが、合衆国最高裁判所が一九七二年に死刑の手続上の問題点を理由に違憲判決を下して以来、しばらく死刑は執行されなかった。したがって、この「サムの息子」事件当時は、死刑は選択できなかった。その後、一九九五年に法改正が行われ、死刑が復活したが、二〇〇四年には、州最高裁判所が、死刑の手続が州憲法に反すると宣言し、それ以降再び死刑は適用されていない。

3　アメリカではそれぞれの犯罪について刑が宣告され、それぞれが連続して執行されることがある。彼の刑は、六人の被害者に対する殺人罪、九件の殺人未遂等を合わせ、合計で三六五年間の禁錮に当たると言われる。なお、アメリカには日本のような懲役刑と禁固刑の区別はなく、すべてが単なる刑務所への収容、つまり禁固刑である。

4　「いかなる人、いかなる会社、いかなる企業、パートナーシップ、団体ないしその他の法人であれ、本州内で犯した犯罪を理由に起訴された又は有罪判決を受けた人、その代理人又はその指定人と、いかなる種類のものであれ、映画、書籍、雑誌論文、テープ録音、レコード、ラジオもしくはテレビの放送、ライブの娯楽の方法によって、その犯罪の再現に関して、又は起訴された人又は有罪判決を受けた人のその犯罪に関する思い、感じ、意見又は感情の表現に関して契約を結んだ者は、その契約のコピーを委員会に提出し、その契約の条項によりその起訴された人もしくは有罪判決を受けた人又はその代理人に支払われることになっている金銭を委員会に支払わなければならない」。ニューヨーク州執行法第六三二a条第一項。

5　ただし州の裁判所は、この規定は被害者のない犯罪には適用されないと判断していた。Children of Bedford, Inc. v. Petromelis, 77 N. Y. 2d 713, 726, 573 N. E. 2d 541, 548(1991).

6　両者とも一種の不当利得返還請求権に根ざすもので、ともに「原状回復」という目的を共有している。前者が、加害者が加害行為から利益を得ている場合にその返還を命じ、後者が被害者の被った損害、特に金銭的損害の塡補を命じるものであるが、両者は区別することなく用いられることもある。アメリカやカナダでは、一般にこのような命令は、裁判所が刑事裁判の中で宣告される刑の一部として命じることができる。その場合は、このような命令は一種の刑罰という位置付けとなる。

7　Karen M. Ecker & Matgot J. O'Brien, *Simon & Schuster, Inc. v. Fischetti: Can New York's Son of Sam Law Survive First Amendment Challenge?*, 66 NOTRE DAME L. REV. 1075, n. 6(1991).二〇一二年現在、四五の州にサムの息子法があると言われている。First Amendment Center, "Son of Sam" Statutes: Federal and State Summary (Mar. 23, 2012), http://www.firstamendmentcenter.org/2012/03/23/son-of-sam-statutes-federal-and-state-summary/.

8　アメリカは連邦制の国である。一般に連邦政府は合衆国憲法によって限定的に付与された権限のみを行使しうるので、一般的な民法及び刑法の制定は各州の権限である。刑事手続も、各州でそれぞれ定められており、その執行も各州に委ねられている。これに対し連邦議会には、州際通商の規制などの権限が付与されており、その権限行使のために必要であれば法律を制定できるので、連邦議会の法律の執行のために必要な限度で刑罰規定が定められている。連邦の規定はこのような「連邦の犯罪」にのみ適用される。連邦議会が法律を制定して、州の内部の行為にまで介入する場合、連邦議会に許された権限を超えて、州の主権を侵害するのではないかが問題となる。例えば学校付近での銃の所持を禁止した連邦法の規定は、州際通商との関連性が示されていないとして、憲法違反と判断されている。さらに、家庭内暴力の被害を受けた女性に対して民事上の救済を認めた連邦の法律も、民事的救済の問題は州法の問題だとして、違憲と判断されている。したがって、この連邦法の規定が実際に適用される余地はかなり狭い。

9　アメリカでは、組織犯罪などの場合に、ボスや指導者の刑事責任を追及するために、組織の一員に刑事免責を与えて代わりに証言を得ることが一般的に行われる。証言を行ったものは組織に命を狙われるので、証言した後、新しい氏名と身分を付与され、これまでの家族、友人・知り合いとの連絡を禁じられ、全く知らない新しい街で新しい生活を始めることになる。

10　裁判所が法律の合憲性を審査する際に、どのような態度で臨むべきか、どのような基準を用いるべきかは、一般に「審査基準」の問題として理解されている。合衆国憲法のもとでは、表現の自由の他に経済的自由も憲法的保護を受けるが、合衆国最高裁判所は、現在では経済的自由についてはほとんど実質的な保護を否定しており、制約が明らかに不合理でない限りは立法者の判断を尊重するという姿勢をとっている。これが合理性の基準ないし合理的根拠テストと呼ばれるものであり、この場合には合憲性が推定され、立法者の判断が尊重される。これに対し表現の自由に対してはこのような合憲性の推定は適用されず、もっと厳しい審査基準が適用され、政府の側で制約を正当化しなければならない。このような違いは一般に「二重の基準論」と呼ばれる。その上、合衆国最高裁判所は、表現の自由に関する事例でも、表現内容に基づく制約と表現内容中立的な制約とを区別しており、異なった審査基準を適用している。表現内容に基づく制約は、表現の主張する立場ないし内容が危険であるとか危害を生じさせるという理由でとられる制約であり、政府にとって不都合な表現や気に入らない表現を排除するために用いられる危険性が高いため特に危険だと考えられている。そのため、このような制約に対しては、原則として「厳格審査」、すなわち制約はやむにやまれないほど重要な政府利益を達成するためのものであって、用いられる手段はその目的を達成するために必要不可欠なものでなければならないという基準が適用される。やむにやまれない利益とは、圧倒的に重要な利益であり、手段が必要不可欠なものであるということは、過大包摂、すなわち手段が過度に広汎であることも許されないし、過少包摂であることも（つまり取りこぼしがあることも）許されないということである。そして、違憲性が推定され、政府の側で重い立証責任を果たさなければならない。

11　一九二五年―一九六五年。アフリカ系アメリカ人の市民権運動の活動家で、その攻撃的な姿勢で有名。二〇歳の時に強盗罪で逮捕され、有罪判決を受けて服役した。日本語では、『完訳　マルコムX自伝（上）（下）』（濱本武雄訳、中公文庫、二〇〇二年）。

12　アウグスティヌス・オブ・ヒポの自伝。三九七年から四〇〇年の作品と言われ、キリスト教を信じるに至った経過を描き、キリスト教の古典的作品の一つとして知られている。一六歳の時に隣の果樹園から桃を盗もうとしたことなどの子供の頃の罪を告白している。日本語では、『聖アウグスティヌス　告白（上）（下）』（服部英次郎訳、岩波文庫、一九七六年）。

13　一九二九年―一九六八年。アメリカのバプティスト派の牧師で、アフリカ系アメリカ人市民権運動の指導者。一九六三年のアラバマ州バーミンガムで行われた抗議デモに参加するなどして、逮捕されている。日本語では、クレイボーン・カーソン編『マーティン・ルーサー・キング自伝』（梶原寿訳、日本基督教団出版局、二〇〇二年）。

14　ケネディ裁判官は、その結果同意意見の中で、問題とされている表現がわいせつな表現などのように、過去において表現の自由の保護を受けない表現として修正第一条の保護から排除されてきた表現に該当しない以上、それ以上やむにやまれない利益の基準のもとでの正当化を問題とする余地もなく違憲だと結論している。

15　Amr F. Amer, *Play It again Sam: New York's Renewed Effort to Enact a Son of Sam Law That Passes Constitutional Muster*, 14 Loy. L. A. Ent. L. Rev. 115, 116 (1993); Debra A. Shields, *The Constitutionality of Current Crime Victimization Statutes: A Survey*, 4 Ford Intell. Prop. Media & Ent. L. J. 929, 930-31 (1994).

16　司法省は、この規定の執行を諦めたようである。Ellen Hurley, *Note: Overkill: An Exaggerated Response to the Sale of Murderabilia*, 42 Ind. L. Rev. 411, 417 (2009); Matthew Wagner, *Beyond the Son of Sam: Assessing Government's First Tentative Steps towards Regulation of the Third-Party Murderabilia Marketplace*, 80 U.

Cɪɴ. L. Rᴇᴠ. 977, 993 (2012).

17 John Timothy Loss, *Note: Criminals Selling Their Stories: The First Amendment Requires Legislative Reexamination*, 72 Cᴏʀɴ. L. Rᴇᴠ. 1331, 1333, 1338, 1342–46 (1987).

18 Steven B. Lichtman, *The Right to Soapbox: A Critique of Simon & Schuster v. Members of the New York State Crime Victims Board*, 55 U. Pɪᴛᴛ L. Rᴇᴠ. 501, 516–19 (1994).

19 *Id.* at 519; Sue S. Okuda, *Criminal Antiprofit Laws: Some Thoughts in Favor of Their Constitutionality*, 76 Cᴀʟ L. Rᴇᴠ. 1353, 1363 (1988).

20 Okuda, *supra* note 19, at 1364–65.

21 *Id.* at 1366–68.

22 Lichtman, *supra* note 18, at 504, 530–37; Amer, *supra* note 15, at 128–29.

23 Amer, *supra* note 15, at 129.

**第二章**

1 Lori F. Zavack, *Note: Can State Enact Constitutional "Son of Sam" Laws after Simon & Schuster, Inc. v. New York State Crime Victims Board?*, 37 ST. Lᴏᴜɪs U. L. Rᴇᴠ. 701, 713 (1993). ケネディ裁判官の考え方(第一章注14参照)では、おそらく「サムの息子法」を正当化することはおよそ難しいのではないかと思われる。ただ、わいせつな表現のように全く保護を受けない表現として修正第一条の保護から排除されているものではない表現であっても、やむにやまれない利益を達成するために必要不可欠である場合には制約が許されることは修正第一条の法理としては確立しており、合衆国最高裁判所がケネディ裁判官の意見の方向に見解を変えることはまずないと言える。

2 Kathleen Howe, *Is Free Speech Too High A Price to Pay for Crime? Overcoming the Constitutional Inconsistencies in Son of Sam Law*, 24 Lᴏʏᴏʟᴀ ᴏғ L. A. Eɴᴛ. L. Rᴇᴠ. 341, 369 (2004).

3 アメリカでは、一般に犯罪を重罪(felony)と軽罪(misdemeanor)に区別する傾向がある。重罪の方がもちろんより重大な犯罪であり、したがって科されている刑罰も重い(連邦では、一年を超える禁固刑が法定刑の上限として科されている犯罪が重罪とされている。合衆国法典第一八編第三五五九条)。また重罪を犯した人(felon)には、選挙権剥奪などの不利益が科される。

4 Tracey B. Cobb, *Comment: Making a Killing: Evaluating the Constitutionality of the Texas Son of Sam Law*, 39 Houston L. Rev. 1483, 1512(2003).

5 Zavack, *supra* note 1, at 718–19.

6 Howe, *supra* note 2, at 367–68.

7 *Id.*; Kelly Franks, *"Son of Sam" Laws after Simon & Schuster v. New York Crime Victims Board: Free Speech versus Victims' Rights*, 14 Hast. Comm/Ent. L. J. 595, 611(1992).

8 Cobb, *supra* note 4, at 1511; Howe, *supra* note 2, at 368.

9 Cobb, *supra* note 4, at 1511. シンプソン被告人は、結局刑事裁判では無罪となったが、その弁護団を維持する費用を稼ぐため、アメリカン・フットボールのスーパースターとしての知名度を生かし、裁判途中も署名付きのボールを売るなどして様々な収益を上げていた。

10 幾つかの州では、有罪判決を受けた人は、裁判で有罪とされた人だけでなく、裁判の結果、心神喪失を理由に無罪とされた人を含んでいる。Debra A. Shields, *The Constitutionality of Current Crime Victimization Statutes: A Survey*, 4 Ford Intell. Prop. Media & Ent. L. J. 929, 951(1994). 裁判で犯罪を犯したことが認定されているのであれば、心神喪失を理由に結果的に無罪となった場合にでも、「サムの息子法」の適用が認められるかもしれない。そうでなければ、このような適用も疑問とされよう。

11 Howe, *supra* note 2, at 369.

12 Amr F. Amer, *Play It again Sam: New York's Renewed Effort to Enact a Son of Sam Law That Passes Constitutional Muster*, 14 Loy. L. A. Ent. L. Rev. 115, 131(1993); Zavack, *supra* note 1, at 719.

13 実際このような限定のゆえに、「サムの息子法」では、被害者救済という立法目的は十分には達成されないこととなる。このことは被害者救済というのが実は単なる口実であって、実は公衆が嫌う表現を抑止しようというのが本当の目的なのではないかという疑念を生じさせる。Jon Allyn Soderberg, *Son of Sam Laws: A Victim of the First Amendment?*, 49 WASH. & L. L. REV. 629, 663(1992).

14 Amer, *supra* note 12, at 131; Zavack, *supra* note 1, at 719–20; Shields, *supra* note 10, at 952; Howe, *supra* note 2, at 365–66; Franks, *supra* note 7, at 612–13.

15 Cobb, *supra* note 4, at 1509–10.

16 Soderberg, *supra* note 13, at 631, 664–65.

17 *Id.* at 667, 670(Renton 判決のもとで表現の自由の制約は第二次的効果に向けられているに過ぎないとして表現内容中立的制約と見ることに反対する).

18 John Timothy Loss, *Note: Criminals Selling Their Stories: The First Amendment Requires Legislative Reexamination*, 72 CORN. L. REV. 1331, 1337(1987).; Zavack, *supra* note 1, at 718.

19 Zavack, *supra* note 1, at 718, 720–21.

20 *Id.* at 721–22.

21 Franks, *supra* note 7, at 612.

22 Howe, *supra* note 2, at 369–70.

23 Amer, *supra* note 12, at 132–33.

24 *Id.* at n. 141. 後述するように、裁判官には、犯罪者に利益返還命令や損害塡補命令を出す権限を付与した上で、この利益返還命令や損害塡補命令には、先取特権のように仮差し押さえを可能にして被害者の権利を優先させた。しかし、同時に、この原状回復命令は現実の金銭的損害に対してのみ許されることとし、精神的苦痛に対する賠償は諦めた。そして、被害者に七年間損害賠償請求を可能にするのと引き換えに、得られる賠償額を重罪の場合は一万五千ドルに限定した。*Id.* at 132–33.

25 *Id.* at 133–35; Shields, *supra* note 10, at 942–43.

26 Snuszki v. Wright, 751 N. Y. S. 2d 344 (Sup. Ct. 2002), *aff'd*, 767 N. Y. S. 2d 749 (App. Div. 2003)（資産規定の合憲性を支持）.

27 Amer, *supra* note 12, at 133–34.

28 Anthony J. Annucci, *New York's Expanded Son of Sam Law and Other Fiscal Measures to Deter Prisoners' Suits While Satisfying Outstanding Debts*, 24 Pace L. Rev. 631, 648–50 (2004).

29 Tanya Herrera, *Recent Developments: A Dubious Victory for the Right of Free Speech—Simon & Schuster, Inc. v. Members of the New York State Victims Board*, 28 Harv. C-R C-L L. Rev. 567, 568, 583 (1993).

30 *Id.* at 577–78.

31 Annucci, *supra* note 28, at 644.

32 アメリカおよびカナダには、連邦政府だけでなく州政府にも法務総裁（Attorney General）という地位がある。アメリカでは司法省の長であり、カナダでは法務大臣と兼ねるが、多くの場合は弁護士資格のある者が就く。政府の訴訟を担当し、政府に仕える検察官や政府側弁護士の指揮をとる。

33 Jessica Yager, *Investigating New York's 2001 Son of Sam Law: Problems with the Recent Extension of Tort Liability for People Convicted of Crimes*, 48 N. Y. Law School Rev. 433, 445–46 (2004).

34 *Id.* at 445.

35 *Id.* at 446.

36 *Id.* 435–36.

37 Zavack, *supra* note 1, at 725–26; Shields, *supra* note 10, at 931; Gilbert O'Keefe Greenman, *Son of Simon & Shuster: A "True Crime" Story of Motive, Opportunity and the First Amendment*, 18 U. Hawai'i L. Rev. 201, 212 (1996); Cobb, *supra* note 4, at 1502, 1503（テキサス州の「サムの息子法」が合憲とされることはおそらくないであろう）; Matthew Wagner, *Beyond the Son of Sam: Assessing Government's First Tentative Steps to-*

*wards Regulation of the Third-Party Murderabilia Marketplace*, 80 U. Cin. L. Rev. 977, 988 & n. 74 (2012). Kerry Casey, *The Virginia "Son of Sam" Law: An Unconstitutional Approach to Victim Compensation*, 2 Wm & Mary Bill Rts. J. 495, 519 (1993).

38　First Amendment Center, "Son of Sam" Statutes: Federal and State Summary (Mar. 23, 2012), http://www.firstamendmentcenter.org/2012/03/23/son-of-sam-statutes-federal-and-state-summary/.

39　Shields, *supra* note 10, at 956; Melissa J. Malecki, *Son of Sam: Has North Carolina Remedied the Past Problems of Criminal Anti-Profit Legislation?*, 89 Marq. L. Rev. 673, 690 (2006).

40　カリフォルニア州は、同時に、犯罪を犯して有名となった結果価値が上がった物品の販売等、いわゆる殺人記念品の販売等による「利得」にも、「サムの息子法」を適用し、利得を剝奪するよう改正した。第6章注16参照。

41　Orly Nosrati, *Son of Sam Laws: Killing Free Speech or Promoting Killer Profits?*, 20 Whittier L. Rev. 949, 977–78 (1999).

42　Curran v. Price, 638 A. 2d 93 (Md. 1994) は、事前抑制の手続として、法務総裁の側で事前抑制を求める手続をとらなければならないはずなのに、それが確保されていないなどの点を問題とした。ただし控訴裁判所は、本件当事者への法律の適用を否定し、地方裁判所とは異なり、法律を違憲と宣言しはしなかった。それでも、地方裁判所の違憲判決と合わせ、この控訴裁判所の意見は、同法の「サムの息子法」の合憲性に疑問を挟んだものと受け止められた。Ellen Hurley, *Note: Overkill: An Exaggerated Response to the Sale of Murderabilia*, 42 Ind. L. Rev. 411, 419 (2009).

43　カリフォルニア州のように、犯罪に関する表現行為に加えて、犯罪の結果価値が上がった物品の利益を剝奪することを狙った州法の場合、少なくとも、表現行為に対する収益だけを狙った部分は違憲とされる可能性が高い。Wagner, *supra* note 37, at 977, 952–53 (2012) (ミシガン州の州法も、表現からの収益を狙った部分は違憲の可能性が高い).

44 Shields, *supra* note 10, at 952–53.

45 *Id.* at 943–44.

46 *Id.* at 945–46.

47 *Id.* at 944.

48 *Id.* at 946–47.

49 *Id.* at 949.

50 *Id.* at 950–51.

51 Cobb, *supra* note 4, at 1494; Howe, *supra* note 2, at 350. *See also* Matthew N. Stewart, *Son of Blagojevich: A Look at the Constitutionality of Illinois' New "Son of Sam" Law*, 115 PENN. ST. L. REV. 289 (2010).

## 第三章

1 カナダでは、検察官による起訴に正式起訴と簡易起訴の二つの方式があり、犯罪によって、正式起訴による犯罪、簡易起訴による犯罪、どちらでも許される犯罪に区別されている(どちらでも許される犯罪の場合、どちらを求めるのかは検察官の判断による)。正式起訴の要件は、謀殺罪など、より重大な犯罪に対して課されている。アメリカのような重罪と軽罪の区別はない。

2 当初彼は二六人の女性に対する殺害容疑で起訴されたが、裁判官は、六人の女性の裁判と残りの二〇人の裁判を切り分け、結局残りの二〇人の女性に対する起訴は停止された。残りの二〇人の女性については、その遺体が発見されず、そもそもこれらの女性が死亡していることを証明するだけで大変な手続を必要とし、陪審にとって大きな負担となることから、被害者を絞り込んだものと思われる。有罪判決が確定した後、結局これらの残りの起訴は取り下げられた。

3 彼は六人の女性に対する第二級謀殺罪で有罪と判断された。カナダでは、禁固刑が科されても、通常は、刑期の三分の一又は七年のいずれか短い期間によって、仮出獄の資格を得る。仮出獄は仮出獄局の裁量的決定による。さらに、刑期の最後の三分の一は、法律上釈放が認められ、コミュニティの中で刑期終了に備える。しかし、第一級謀殺罪の場合は、自動的に最低限二五年間仮出獄の資格を欠く終身刑が科されるのに対し、第二級謀殺罪の場合は、自動的に終身刑ではあるが、仮出獄を欠く資格は一〇年から二五年の間である。第二級謀殺罪で仮出獄の資格を二五年欠くというのは、極めて例外的である。終身刑の場合には、法律上の釈放の余地はない。なおカナダは、一九七六年に死刑を廃止している。仮出獄の資格を二五年欠く終身刑が、カナダで可能な最高刑である(二〇一一年以前は、複数の被害者がいる場合も仮出獄の資格を欠く期間は同時に進行していたが、二〇一一年以降は、仮出獄の資格を欠く期間は連続して計算されることになっている)。

4 John Coleburn, *Serial Killer Robert Pickton's New Book: Please Don't Read It, Say Victims' Families*, Vancouver Sun (Feb. 22, 2016), http://www.vancouversun.com/news/serial+killer+robert+pickton+book+please+read+victims+families/11734598/story.html; *Robert Pickton, Notorious Killer, Pens Book for Sale on Amazon*, CBC News (Feb. 21, 2016), http://www.cbc.ca/news/canada/british-columbia/pickton-book-amazon-outrage-1.3457989.

5 *Robert Pickton Book "Deeply Disturbing": B. C. Solicitor General*, CTV (Feb. 22, 2016), http://www.ctvnews.ca/canada/robert-pickton-book-deeply-disturbing-b-c-solicitor-general-1.2787548.

6 Wendy Stueck, *Robert Pickton Book Pulled from Production after Public Outcry*, Globe And Mail (Feb. 22, 2016), http://www.theglobeandmail.com/news/british-columbia/bc-governments-appeals-to-amazon-to-drop-possible-robert-pickton-memoir/article28834209/; *Robert Pickton: Canadian Serial Killer Book Pulled from Amazon*, BBC News (Feb. 23, 2016), http://www.bbc.com/news/world-us-canada-35636729.

7 したがって、各州には刑法典は存在しない。ただ、連邦の刑法典の執行は各州に委ねられている。これに対し、後述するように民事上の救済について定めるのは州の権限である。後注30参照。

8 Kevin E. Davis, *The Effects of Forfeiture on Third Parties*, 48 McGill L. J. 183 (2003).

9 Bill C-220, An Act to amend the Criminal Code and the Copyright Act (profit from authorship respecting

a crime), 1st Sess., 36th Parl. (1997), http://www.parl.gc.ca/HousePublications/Publication.aspx?Language=E&Mode=1&DocId=2330119&File=16§1; Davis, *supra* note 8, at 187 n. 7.

10 カナダは、立憲君主国であり、カナダの女王は、グレイト・ブリテン及びアイルランド連合王国のエリザベス女王である。憲法の建前の上では、女王が国の元首であって、連邦議会の一員として庶民院と上院が可決した法律案に拒否権を持ち、執行権をすべて行使する。ただし、法案拒否権は行使しないというコンベンション（確立した慣行）が成立しており、しかも女王の権限はカナダの総督に委ねられていて、女王及び総督の権限行使は、内閣総理大臣及び内閣の助言に基づくこともコンベンションによって確立している。著作権が女王陛下に帰属するというのは、著作権が国に帰属するというのと同じである。

11 カナダでは、一定の犯罪を犯して有罪判決を受けた人に対して、「危険な犯罪人」の宣言を求めることができる。この宣言を受ける犯罪人は、要するに社会に戻すと再犯の恐れがあまりに高いため、社会に戻すことができないと思われる人である。それゆえ、この宣言が出されると、犯罪を犯した人は基本的に不定期刑に服する。仮出獄局は宣言後七年経過すると審査し、それ以降も二年ごとに審査を行う。仮出獄が認められることもあるが、それでも終身監督に服する。ポール・ベルナードは、三人の殺害の外に一四人の女性に対する強姦を認めたため、この「危険な犯罪人」の宣言を受けた。

12 Robert Gaucher & Liz Elliott, *"Sister of Sam": The Rise and Fall of Bill C-205/220*, 19 Windsor Yearbook of Access to Justice 72, 74 (2001).

13 *Id.* 74-78.

14 Prohibiting Profiting from Recounting Crimes Act, 2002, S. O. 2002, Ch. 2, https://www.ontario.ca/laws/statute/02p02.

15 刑法典第二七一条は性的暴行、第二七二条は、武器、第三者への脅し、身体的危害を伴う性的暴行、そして第二七三条は、加重性的暴行の罪を規定している。なお、カナダは、かつてあった強姦罪の規定を性的暴行罪に改正している。

16 Uniform Law Conference of Canada, Criminals' Exploitation of Violent Crime Act (1997), http://www.ulcc.ca/en/home/266-josetta-1-en-gb/uniform-actsa/criminals-exploitation-of-violent-crime-act/380-criminals-exploitation-of-violent-crime-act.

17 カナダの少年非行及び犯罪に対する裁判手続を定めた法律。二〇〇三年に少年刑事裁判法(Youth Criminal Justice Act)によって置き換えられた。

18 Alberta Criminal Notoriety Act, S. A. 2005, c. C-32. 5, www.canlii.org/en/ab/laws/stat/sa-2005-c-c-32.5/latest/; Saskatchewan Profits of Criminal Notoriety Act (An Act respecting the Profits of Criminal Notoriety), S. S. 2009, c. P-28. 1, www.canlii.org/en/sk/laws/stat/ss-2009-c-p-28.1/latest/; Nova Scotia Criminal Notoriety Act, SNS 2006, C 14, www.canlii.org/en/ns/laws/stat/sns-2006-c-14/latest/; Manitoba Profits of Criminal Notoriety Act, CCSM, c. P141, http://canlii.ca/t/kbc4.

19 Saskatchewan Profits of Criminal Notoriety Act, *supra* note 18.

20 連邦の少年法。少年犯罪者法から改正されたもの。一二歳から一八歳未満の未成年者で犯罪を犯した者に対する措置を定めた法律。裁判外の措置と、少年裁判所を通した措置の双方を定める。

21 刑法典第一五一条は児童性的接触罪、第一五二条は児童性的接触勧誘罪、第一五三条は未成年性的搾取罪、第一六三・一条は児童ポルノ作成・頒布・所持・アクセス罪、第一七二・一条は児童誘惑罪の規定である。

22 B. C. Profits of Criminal Notoriety Act, [SBC2016] Chapter 24, http://www.bclaws.ca/civix/document/id/complete/statreg/16024_01.

23 ブリティッシュ・コロンビア州では、刑罰の一種として、無条件的又は条件的猶予というものが認められている。条件的猶予とは、有罪と判断された場合も、一定期間保護観察に付し、その間に条件違反がなかった場合には、有罪判決を受けなかったとみなされる制度であり(もし違反があれば保護観察違反とされる)、無条件的猶予とは条件を付すことなく有罪判決を受けなかったとみなされる制度である。比較的軽微な犯罪で前科がないなどの事情を考慮して裁判官が決定する。猶予決定の記録は、裁判所及び警察に一定期間残り(警察は、無条件的猶予の場合は一年、条件的猶予の場合は期間終了後三年で記録を削除する)、裁判所及び警察はその記録にアクセスすることができる。

24 ブリティッシュ・コロンビア州では、犯罪被害者援助法のもとで一定の刑法上の犯罪は「所定の犯罪」としてリストアップされていて、それによる犯罪被害者に援助が与えられている。

25 罰金刑に処された被告人には被害者加算金が付加され、徴収された被害者加算金は、ブリティッシュ・コロンビア州犯罪被害者法により創設されるこの被害者加算金特別会計に回される(第九条)。州法務総裁は、この特別会計の資金を使って被害者救済策などを実施することができる。

26 Saskatchewan (Attorney General) v. Thatcher, 2010 SKQB 109 (Thatcher).

27 Benjamin Perrin, *The Law Should Ensure Pickton Never Profits from His Horrific Crimes*, Globe and Mail (Feb. 23, 2016), http://www.theglobeandmail.com/opinion/the-law-should-ensure-pickton-never-profits-from-his-horrific-crimes/article28852312/.

28 Saskatchewan Profits of Criminal Notoriety Act, *supra* note 18.

29 Submission on Bill No. 17 Criminal Notoriety Act: The Writers' Union of Canada's brief to the Law Amendments Committee of the Nova Scotia Legislature (Writers' Union), https://www.writersunion.ca/sites/all/files/attachments/brief200601.pdf.

30 Thatcher, *supra* note 26, at 94-97.

31 Chatterjee v. Ontario (Attorney General), [2009] 1 SCR 624.

32 松井茂記『カナダの憲法——多文化主義の国のかたち』(岩波書店、二〇一二年)一四三頁。さらに前述したように、連邦の刑法典の没収規定の改正の際には(六三頁参照)、著作権法の改正も問題とされている。ということは、州の「サムの息子法」は、連邦の著作権法上、著者に認められた著作権行使を否定していることになる。この点でも、潜在的には州法が連邦法に違反しないのかどうかの問題も生じさせるのではないかと推測される。

33 Irwin Toy Ltd v. Quebec(AG), [1989]1 SCR 927. 松井前掲注32、一九五—九六頁。

34 Alan Young, *"Son of Sam" and His Legislative Offspring: The Constitutionality of Stripping Criminals of Their Literary Profits*, 4 Osgoode Intel. Prop. J. 25, at 40(1988).

35 Thatcher, *supra* note 26, at 73.

36 Writers' Union, *supra* note 29.

37 Young, *supra* note 34, at 42.

38 *Id.* at 43. 松井前掲注32、一九六頁。

39 Young, *supra* note 34, at 43.

40 R. v. Oakes,[1986]1 SCR 103. 松井前掲注32、一五七頁。

41 ドイツの連邦憲法裁判所では、ドイツの憲法、つまり基本法の保障する権利の侵害の合憲性を審査するために、この三段階審査理論が用いられている。それによれば、まず第一段階で、そもそも基本権が問題となっているのか、どの基本権の問題なのかが問題とされる。基本権が問題となっていることが認められると、次に第二段階で、その基本権の「制約」があったのかどうかが問題される。そして「制約」が認められると、第三段階でその「制約」が正当化されるかどうかが問題とされる。通常この第三段階の審査では、形式的な正当化要件として制約が法律によって認められているかどうかが問題とされ、実質的要件として「比例原則」が適用される。

42 Thatcher, *supra* note 26, at 80–85.

43 Young, *supra* note 34, at 55.

44 Thatcher, *supra* note 26, at 88.

45 Young, *supra* note 34, at 50–51.

46 *Id.* at 51–54.

47 Thatcher, *supra* note 26, at 89–92.

48 R. v. Sharpe, [2001] 1 S. C. R. 45, at 96.
49 Young, *supra* note 34, at 61.
50 Thatcher, *supra* note 26, at 92.

**第四章**

1 これ以外に、犯罪を犯した人が犯罪に関して表現行為を行って利益を得ることがないようにするために、没収以外の刑事手続上の他の措置を用いる可能性もある。例えばアメリカでは、世間を大きく騒がした犯罪の被告人に対し、将来得られるかもしれない犯罪に関する表現行為から得られる収益をも剝奪する趣旨で、極めて多額の罰金を科した事例がある。United States v. Seale, 20 F. 3d 1279 (3rd Cir. 1994); David Sternbach, *Son of Son of Sam: Trashing Popular Media and Criminalizing Crime-Related Expression*, 19 Hast. Comm/Ent. L. J. 771, 779–80 (1997). また、公判中にテレビに出演して発言した被告人に、量刑の際に刑を加重した事例もある。United States v. Schweitzer, 5 F. 3d 44 (3rd Cir. 1993)(地方裁判所の判断を破棄); Sternbach, *supra*, at 781–82. さらに、仮出獄の要件として、犯罪に関する表現行為を行わないことを求めた事例もある。Commonwealth v. Power, 650 N. E. 2d 87 (1995), cert. denied 116 S. Ct. 697 (1995); Sternbach, *supra*, at 783–84; Gilbert O'Keefe Greenman, *Son of Simon & Shuster: A "True Crime" Story of Motive, Opportunity and the First Amendment*, 18 U. Hawaii L. Rev. 201, 215–17 (1996). 日本では、罰金の上限は法律で定められていて、それほど高額ではないので、第一の措置はとれないであろう。さらに、第二の措置については、日本では重大事件の場合保釈が認められることはまずないので、公判中に被告人がテレビで発言するといった事態は想定しがたい。ただ、その発言が事件への関与を否定するなどの内容であったとき、その発言が公判で証拠として提出された場合、裁判官が、その発言が改悛の情を示していない証拠とみなして、情状酌量を否定するといった可能性はないではないかもしれない。第三の措置は、表現の自由を行使しないことを仮出獄の条件とするので、それ自体が表現の自由の侵害にならないのかとの疑問を生じさせる。しかも、アメリカの場合、州によっては、終身仮出獄(lifetime parole)の制度が認められているところがあり、その場合刑期が満了しても、なお仮出獄の条件が一生付いて回ることになる(終身監督制度も類似の制度である)。そこまで許されるかどうかも、問題とされる必要があろう。

2　最一小判一九六六年六月二三日民集二〇巻五号一一一八頁。松井茂記『マス・メディア法入門(第五版)』(日本評論社、二〇一三年)一〇二頁。

3　東京地判一九八七年一一月二〇日判例時報一二五八号二二頁。松井前掲注2、一五〇―五一頁。

4　東京高判一九七九年三月一四日高民集三二巻一号三三頁。松井前掲注2、一一〇―一一二頁。

5　例えば東京地判一九八六年四月三〇日判例時報一二二三号七一頁。松井前掲注2、一六三―六四頁。

6　Bouchard v. Price, 694 A. 2d 670 (R. I. 1997).

7　Heather J. Garretson, *Federal Criminal Forfeiture: A Royal Pain in the Assets*, 18 Rev. of L. and Social Justice 45 (2008).

8　民事没収手続では、政府が原告となって、物そのものを被告として訴訟が提起される。刑事手続では、被告人は合理的な疑いを入れないほど有罪であることが証明されなければならないが、民事没収手続では証拠の優越でもって証明されれば足りる。

9　Asset Forfeiture, 55 United States Attorney's Bulletin 1 (2007), https://www.justice.gov/sites/default/files/usao/legacy/2007/12/21/usab5506.pdf.

10　Caleb Nelson, *The Constitutionality of Civil Forfeiture*, 125 Yale L. J. 2182 (2016).

11　法務省「供託手続」http://www.moj.go.jp/MINJI/minji07.html.

12　すでに見たように、オンタリオ州では、犯罪を犯して起訴された被告人に対し、州の法務総裁が収益の供託を義務付ける申し立てをすることができる。制度的には、これと同様の措置を、犯罪を犯して有罪判決を受けた人がその犯罪に関する表現行為から得る収益に対して導入することも可能であろう。

13　最大判一九四九年五月一八日刑集三巻六号八三九頁、最大判一九五七年三月一三日刑集一一巻三号九九七頁。

松井前掲注2、三六頁。

14 芦部信喜（高橋和之補訂）『憲法（第六版）』（岩波書店、二〇一五年）一〇三―〇四頁、佐藤幸治『日本国憲法論』（成文堂、二〇一一年）二四九頁。

15 芦部前掲注14、一九四―九七頁。

16 市川正人『基本講義 憲法』（サイエンス社、二〇一四年）。

17 松井前掲注2、四八―五一頁。

18 小山剛『「憲法上の権利」の作法』（尚学社、二〇〇九年）、宍戸常寿『憲法 解釈論の応用と展開（第二版）』（日本評論社、二〇一四年）など。

19 小山前掲注18、七七頁、宍戸前掲注18、五九頁。

20 Joseph C. Mauro, *Rethinking "Murderabilia": How States Can Restrict Some Depictions of Crime as they Restrict Child Pornography*, 22 Ford. Intel. Prop., Media & Ent. L. J. 323 (2012).

21 *Id.* at 331.

22 *Id.* at 353-55.

23 松井茂記『アメリカ憲法入門（第八版）』（有斐閣、二〇一八年）二七一頁。

24 芦部前掲注14、一九二―九三頁。

25 Alan Young, *"Son of Sam" and His Legislative Offspring: The Constitutionality of Stripping Criminals of Their Literary Profits*, (1988) 4 Osgoode Intel. Prop. J. 25, at 40-41.

26 松井前掲注23、二五八頁。

27 Near v. Minnesota, 283 U. S. 697 (1931).

28 New York Times Co. v. United States, 403 U. S. 713 (1971).

29 Times Film Corp. v. City of Chicago, 365 U. S. 43 (1961). ちなみに、合衆国最高裁判所は、はじめ映画は商業活動であって表現の自由の行使ではないと判断していた。Mutual Film Corporation v. Industrial Commis-

sion of Ohio, 236 U. S. 230 (1915). しかし、その後映画も修正第一条の保護を受ける表現であることを認めるようになっている。Joseph Burstyn, Inc. v. Wilson, 343 U. S. 495 (1952).

30 Freedman v. Maryland, 380 U. S. 51 (1965). 合衆国最高裁判所は、検閲制には、事後的な処罰の場合とは異なり特別な危険性があるという。それは、検閲制の場合、表現物を検閲のために提出するという負担がまず表現者の側に負わされ、さらに検閲官は検閲を業務としているから、独立した裁判所とは異なり表現の自由に対して配慮に欠ける恐れがあり、しかも、審査判断の負担や遅延などにより手続が大変であれば、事実上検閲官の判断が最終的なものとなってしまいかねないという。それゆえ合衆国最高裁判所は、このような制度は、検閲制度の危険性を抑えるための手続的保護を伴っている場合にのみ許されるという。第一に、映画が保護を受けない表現に当たると証明する責任は検閲官に置かれなければならない。第二に、州は、すべての映画の事前提出を求めうるが、問題となる映画が保護を受ける表現かどうかに関する検閲官の判断が事実上最終的なものとなるような形の運用は許されない。つまり、対審的審査を経た裁判所による判断が必ず保障されなければならない。それゆえ、映画を上映したいと希望する人に対しては、一定の短い期間内に、検閲官が上映を許可するか、上映を阻止するために裁判所に訴訟を提起することが法律上又は確立した裁判所の解釈において保障されなければならない。最終的な裁判所の判断に先立って映画の上映が妨げられる期間は、可能な限り短い固定された期間に限定されなければならない。さらにこのような上映が妨げられる期間が経過したのちにも、上映を認めないという検閲官の判断は、上映を希望する者に対し否定的な印象を残しうる。それを避けるためには、裁判所による最終的な判断が迅速に行われることが保障されなければならない。

31 現在アメリカでは、映画の検閲制を法律上定めているところはないようである。映画の対象年齢の指定と、それに基づく映画の上映制限は、すべてハリウッドの自主規制となっている。

**第五章**

1 あるいは、犯罪者の中には、金銭的な収益ではなく、有名になりたいという欲望が理由で犯罪を犯す者もいるかもしれない。「サムの息子法」は、経済的収益を剥奪することはできるが、このような「感情的な収益」までをも剥奪することはできない。このような感情的な収益まで剥奪するためには、犯罪に関する表現行為を禁止するほかない。Gilbert O'Keefe Greenman, *Son of Simon & Shuster: A "True Crime" Story of Motive, Opportunity and the First Amendment*, 18 U. Hawaii L. Rev. 201, 227-28(1996). しかし、そのような感情的な収益を禁止するために、犯罪に関する表現行為を禁止することまでは正当化されないであろう。

2　カナダの連邦の没収規定の改正法の提出者は、犯罪被害者の感情の保護を強く訴えたが、没収規定は犯罪に関する表現行為それ自体を止めることはできないし、しかも収益を国庫に帰属させるだけで、被害者への配分などは想定していなかった。Robert Gaucher & Liz Elliott, *"Sister of Sam": The Rise and Fall of Bill C-205/220*, 19 Windsor Yearbook of Access to Justice 72, 93-95(2001). したがって、改正規定が、被害者の感情を保護しているという正当化は難しいであろう。

3　民事の損害賠償請求も認められない。後掲第六章注43参照。

4　Collin v. Smith, 578 F. 2d 1197(7th Cir. 1978), cert. denied, Smith v. Collin, 439 U. S. 916(1978).

5　R. v. Keegstra,[1990]3 SCR 697.

6　実際、犯罪加害者による表現行為の抑止を狙ったペンシルバニア州の被害者に対する危害の繰り返しに対し救済を与える法律(Revictimization Relief Act)は、同州の連邦地方裁判所により違憲と判断されている。この法律は、警官殺害で有罪判決を受け服役しているムミア・アブ・ジャマルをカレッジの卒業式の講演者として呼び、彼がその場で話した発言が、被害者や住民を激怒させて、それに対処するために制定されたものである。同法は、身体に対する危害を受けた被害者又は検事総長ないし法務総裁は、犯罪者に対し、被害者への危害を繰り返すような行為の差止めを求めることができるとしていて、そこでいう危害には、一時的又は恒久的な被害者への精神的苦痛も含まれていた。しかし裁判所は、この法律は明らかに表現の内容を狙ったものであって、それは犯罪加害者の表現の自由及びその表現を報道したり、繰り返したりするマス・メディアの表現の自由を抑制すると判断した上で、「犯罪者」の定義もはっきりせず、どの程度の危害があれば差止めが認められるのかも定かではないなど曖昧不明確であり、その上どのような行為であっても差止めの対象となりうるなど過度に広汎であり、明らかに修正第一条に反するというのであった。Prison Legal News v. Kane 96 F. Supp. 3d 447 (M. D. Pa. 2015).

7 Tanya Herrera, *Recent Developments: A Dubious Victory for the Right of Free Speech—Simon & Schuster, Inc. v. Members of the New York State Victims Board*, 28 Harv. C-R C-L L. Rev. 567, 580 (1993).

8 それゆえ、アメリカでも、被害者の全額救済を第一に図ることを諦め、有罪判決を受けた人に収益が一部残るように確保することの方が被害者救済につながるという主張もある。John Timothy Loss, *Note: Criminals Selling Their Stories: The First Amendment Requires Legislative Reexamination*, 72 Corn. L. Rev. 1331, 1346–48, 1350–51 (1987).

9 Lori F. Zavack, *Note: Can State Enact Constitutional "Son of Sam" Laws after Simon & Schuster, Inc. v. New York State Crime Victims Board?*, 37 ST. Louis U. L. Rev. 701, 715–16 (1993).

10 Tracey B. Cobb, *Comment: Making a Killing: Evaluating the Constitutionality of the Texas Son of Sam Law*, 39 Houston L. Rev. 1483, 1485, 1512 (2003).

11 Zavack, *supra* note 9, at 716–17. 実際、例えばシンプソン事件の場合、シンプソンは刑事事件では無罪とされたが、被害者の家族からの民事の賠償請求では、責任が認められ、三三〇〇万ドルの賠償が認められている。ただし、将来得られるかもしれない犯罪に関する表現行為によって得られる収益をも損害賠償で賠償請求することは難しいであろう。

12 Cobb, *supra* note 10, at 1508 & n. 196.

13 Zavack, *supra* note 9, at 717.

14 Simon & Schuster, Inc. v. Members of N. Y. State Crime Victims Board, 52 U. S. 105, 119 (1986).

15 David Sternbach, *Son of Son of Sam: Trashing Popular Media and Criminalizing Crime-Related Expression*, 19 Hast. Comm/Ent. L. J. 771, 774–75 (1997). 犯罪を犯した人は犯罪によって利益を受けるべきではないと

いう考え方からすれば、例えば殺人を犯して、その人の遺産を相続したり、その人にかけられた生命保険の支払いを受けるべきではないという立場は十分理解できるが、犯罪に関する表現行為に由来する収益の場合、両者の結びつきはもっと間接的である。Gaucher & Elliott, *supra* note 2, at 86.

16 *Id.* at 85.

17 関税法第六九条の一一第二項。これ以外に、公職選挙法により、選挙に立候補する候補者に一定の金額の供託義務が負わされており、その得票が一定数に達しない時には、この供託物は没収される制度がある(公職選挙法第九二条―第九三条)。

18 ただし、この場合、被害者は裁判所に訴訟を提起し、さらに仮の救済を求めなければならない。これは被害者にとっては負担かもしれない。Michelle G. Lewis Liebeskind, *Back to Basics for Victims: Striking Son of Sam Laws in favor of an Amended Restitution Scheme*, 1994 Ann. Surv. Am. L. 29, 60 (1994). また、犯罪被害者又はその家族の賠償が優先されない。*Id.*

19 John Timothy Loss, *Note: Criminals Selling Their Stories: The First Amendment Requires Legislative Reexamination*, 72 Corn. L. Rev. 1331, 1353 (1987). 執筆者又は出版社は、有罪判決を受けた人の代理人であって、その収益もエスクローに付されるという主張を退けた判決がある。Fasching v. Kallinger, 211 N. J. Super. 26, 510 A. 2d 694 (App. Div. 1986). さらに、この事例では、犯罪を犯して有罪判決を受けた人の発言をまとめて執筆し、出版した執筆者及び出版社は、出版を助けて損害を生じさせたとして不法行為に基づく請求がなされたが、裁判所ではこの主張も退けられている。*Id.*

20 Loss, *supra* note 19, at 1354.

21 Sue S. Okuda, *Criminal Antiprofit Laws: Some Thoughts in Favor of Their Constitutionality*, 76 Cal. L. Rev. 1353, 1373 (1988).

22 ただし、大量殺人を犯して自殺した加害者が自殺前にマス・メディアに送付した犯行声明などについて、それを放映して利益を上げるマス・メディアから収益を剝奪すべきだという主張はある。Arlen Pyenson, *Crim-*

*inal Manifestos and the Media: Revisiting Son of Sam Laws in Response to the Media's Branding of the Virginia Tech Massacre*, 26 CARD. ARTS & ENT. L. J. 509 (2008).

## 第六章

1 National Center for Victims of Crime, Victims' Rights, https://victimsofcrime.org/help-for-crime-victims/get-help-bulletins-for-crime-victims/victims'-rights. 連邦法としては、二〇〇四年の犯罪被害者権利法(Crime Victims' Rights Act, 18 U. S. C. §3771)がある。

2 National Center for Victims of Crime, Victim Impact Statements, https://victimsofcrime.org/help-for-crime-victims/get-help-bulletins-for-crime-victims/victim-impact-statements.

3 National Center for Victims of Crime, Restitution, https://victimsofcrime.org/help-for-crime-victims/get-help-bulletins-for-crime-victims/restitution.

4 National Center for Victims of Crime, Crime Victim Compensation, https://victimsofcrime.org/help-for-crime-victims/get-help-bulletins-for-crime-victims/crime-victim-compensation.

5 それぞれの州の犯罪被害者給付金制度については、National Association of Crime Victim Compensation Boards, http://www.nacvcb.org/index.asp?sid=6.

6 Bruce R. Jacob, *Reparation or Restitution by the Criminal Offender to His Victim: Applicability of an Ancient Concept in the Modern Correctional Process*, 61 J. CRIM. L. CRIMINOLOGY & POLICE SCI. 152 (1970).

7 Michelle G. Lewis Liebeskind, *Back to Basics for Victims: Striking Son of Sam Laws in favor of an Amended Restitution Scheme*, 1994 ANN. SURV. AM. L. 29, 32 (1994).

8 *Id.* at 52.

9 このような利益返還命令又は損害塡補命令に基づく支払いは一度に支払うことを命じることもできるし、何度かに分けて支払うことを命じることもできる。被告人は、このような支払いを州の指定する機関に対して行い、この州の機関が犯罪被害者に最終的な支払いを行う。被告人が自発的に支払わなかった場合には、銀行口座を差し押さえたり、財産を押収して換金したりして支払いに充てることもできる。さらに、罰金刑や保護観察がついた有罪判決の場合には、このような利益返還命令又は損害塡補命令に従わないときには、刑務所に収容することもできるし、収監されている人の場合、仮出獄の条件としてこれら利益返還命令又は損害塡補命令の支払いを求めることができる(ニューヨーク州刑事訴訟法第四二〇・一〇条)。

10　Ellen Hurley, *Note: Overkill: An Exaggerated Response to the Sale of Murderabilia*, 42 Ind. L. Rev. 411, 438-39(2009). しかも、このような命令を実効的なものとするためには、有罪判決を受けた人の資産を差し押さえすることが認められる必要もあるかもしれない。*Id.* at 439.

11　ただし、有罪判決を受けた人が、その犯罪に関する表現行為から得られる収益を受領する権利を家族などに移譲した場合、有罪判決を受けた人自身は収益を受けないので、これらの命令では対処できない可能性がある点、このような命令は刑の宣告の際に発せられるので、その前に資産を浪費されてしまう可能性がある点、犯罪に関する表現行為の報酬の代わりに、マス・メディアによる保釈金の提供に合意する行為などによって、命令の適用を免れてしまう点などに限界があることを指摘する声はある。Liebeskind, *supra* note 7, at 63-67. また、一般にこの損害塡補命令は、現実の損害に限定され、犯罪の結果の精神的苦痛に対する損害は含まれない点、ニューヨーク州の場合上限が定められている点で限界があるが、それを超える部分については、被害者は損害賠償訴訟で請求できる(ただし、損害賠償額から、利益返還命令又は損害塡補命令で受け取った金銭は差し引かれる)。これは被害者にとっては厄介な負担であるが、少なくとも利益返還命令又は損害塡補命令の限度では、その必要なく支払いを受けうるし、損害賠償訴訟を起こす手間を省けるという。*Id.* at 75-76.

12　これ以外に、刑の中で犯罪を犯した人が犯罪を理由にして利益を得ないように確保するための措置として、第四章注1参照。Orly Nosrati, *Son of Sam Laws: Killing Free Speech or Promoting Killer Profits?*, 20 Whittier L. Rev. 949, 960(1999).; Kathleen M. Timmons, *Natural Born Writers: The Law's Continued Annoyance with Criminal Activities*, 29 Ga. L. Rev. 1121(1995).

13 Suna Chang, *The Prodigal "Son" Returns: An Assessment of Current "Son of Sam" Laws and the Reality of the Online Murderabilia Marketplace*, 31 Rutgers Comp. & Tech. L. J. 430, 432 (2005). ただし、eBay は、二〇〇一年以降、殺人記念品の出品を拒否する方針をとっている。しかし、これを完全にオークションから排除することはそう容易ではない。*Id.* at 435-36. しかも他のウェブサイトが次々と立ち上げられた。Matthew Wagner, *Beyond the Son of Sam: Assessing Government's First Tentative Steps towards Regulation of the Third-Party Murderabilia Marketplace*, 80 U. Cin. L. Rev. 977, 986 (2012).

14 Thomas Vinciguerra, The "Murderabilia" Market, New York Times (June 4, 2011), http://www.nytimes.com/2011/06/05/weekinreview/05murderabilia.html?_r=0.

15 Tracey B. Cobb, *Comment: Making a Killing: Evaluating the Constitutionality of the Texas Son of Sam Law*, 39 Houston L. Rev. 1483, 1503-4 (2003).

16 *Id.* at 1505.

17 Wagner, *supra* note 13, at 991.

18 Chang, *supra* note 13, at 447-48.

19 Stop the Sale of Murderabilia to Protect the Dignity of Crime Victims Act of 2007, S. 1528, 110th Cong. (2007).

20 Stop the Sale of Murderabilia Act of 2013, s. 1549, 113th Cong. (2013).

21 Wagner, *supra* note 13, at 993-95.

22 すでに見たように、アメリカの連邦議会は、州際通商の規制など合衆国憲法上限定的に付与された権限しか行使できない。連邦の刑罰法規を制定する際にも、この権限上の限界がある。この法律案が、物品を「州際又は外国との通商」に乗せることを意図する行為にのみ適用されるのは、そのためである。

23 Cobb, *supra* note 15, at 1508; Wagner, *supra* note 13, at 998-1000. すでに見たように、殺人記念品に関しては、表現の自由として保護に値する価値はなく、表現の自由の保護の範囲外だという主張もある。ただ、そこで表現の自由の保護が否定されているのは、非表現的な物品であり、問題は、このような物品が表現として保護に値するかどうかではなく、表現的行為及び非表現的な行為を含む殺人記念品の収益剝奪が、結果的に表現的行為にも抑止的効果を持つことになって表現の自由を侵害することにならないのかという点だと思われる。

24 この規定が実際にどの程度適用されているのか、資料はないようである。Wagner, *supra* note 13, at 993. この法律によれば、受刑者は、自ら描いた絵画や小説などの表現物を一切販売できなくなる(しかもそれが犯した犯罪に関するものかどうかにかかわりなく)ので、果たして表現の自由を侵害しないかどうか、疑わしい。

25 Hurley, *supra* note 10, at 432.

26 *Id.* at 427.

27 *Id.* at 427–28; Joseph C. Mauro, *Rethinking "Murderabilia": How States Can Restrict Some Depictions of Crime as they Restrict Child Pornography*, 22 Ford. Intel. Prop., Media & Ent. L. J. 323, 327 (2012).

28 例えば、シンプソン被告人の場合、妻のニコール・シンプソンらの殺害容疑で逮捕される前から、アメリカン・フットボールのスーパースターとして極めて有名であった。犯罪の結果、どれだけ価値が上がったのかは極めて難しい問題である。Gilbert O'Keefe Greenman, *Son of Simon & Shuster: A "True Crime" Story of Motive, Opportunity and the First Amendment*, 18 U. Hawaii L. Rev. 201, 219 (1996). なお、シンプソン被告は結局無罪となった。

29 Chang, *supra* note 13, at 434.

30 しかも、犯罪や事件を歴史的記録として残そうとした場合に収集されるものも、定義の上では剝奪の対象になりうるであろう。*Id.* at 451. それゆえ、これらの規定は、犯罪や事件に関するものを歴史的記録として保存しようとして購入した場合にも適用され、そのような歴史的記録の保存は困難になるかもしれない。

31 *Id.* at 451–53.

32 *Id.* at 454–55.

33 Hurley, *supra* note 10, at 428; Wagner, *supra* note 13, at 996. カリフォルニア州のアプローチの方が優れて

いるという声もある。Wagner, *supra*, note 13 at 997.

34 Chang, *supra* note 13, at 455-57; Hurley, *supra* note 10, at 434.

35 Chang, *supra* note 13, at 458.

36 Liebeskind, *supra* note 7, at 58-59 は、有罪判決に先立つか有罪判決の後か、犯罪に由来するか否かにかかわらず、有罪判決を受けた人のすべての資産を被害者救済に回すべきだという。しかも、このような制度は、O'Brien 判決のもとで(一六頁参照)正当化されうるという。*Id.*

37 カナダ人でありながら、両親のせいで少年兵としてアフガニスタンの戦闘に参加してアメリカ軍に捕まり、敵戦闘員としてグアンタナモ湾の基地内で拘禁され、拷問などを受けたとされるオマー・カーダーが、カナダ政府がグアンタナモ湾基地内での違法な取り調べに関与したことなどを理由に、カナダ政府に対し二〇〇〇万カナダドルの賠償を求める訴訟を提起していたが、自由党政府は、こっそりと一〇五〇万カナダドルの支払いで和解した。戦闘行為で被害を受けたとされるアメリカの家族はカーダーを相手に民事訴訟を提起していて、欠席裁判で一億三四〇〇万アメリカドルの賠償が認められており、カナダの裁判所に和解金を賠償金に充てるよう求めていたが、政府は裁判所の判断が出る前に和解金を支払い、裁判所は緊急資産凍結命令を拒否したようである。ニューヨーク州であれば、この和解金も被害者救済のために回収されていたかもしれない。

38 アメリカでは、犯罪を犯して有罪とされ、保護観察処分を受けた場合や仮出獄が認められた場合、禁固刑の刑期が満了した場合でも、その後数年間監督に服させる制度が導入されている。主として性犯罪などに多く見られる。この場合、この監督期間内に再び犯罪を犯すと、身柄を拘束される。一定の場合には、終身この監督に服することがある。これが終身監督制度(life-time supervision)である。終身刑を言い渡されたのと結果的に同じ効果を持つことになる。

39 Jessica Yager, *Investigating New York's 2001 Son of Sam Law: Problems with the Recent Extension of Tort Liability for People Convicted of Crimes*, 48 N. Y. Law School Rev. 433, 443-44 (2004). ミシガン州では、受刑者が受刑中に執筆した小説の収益のほとんどを、刑事施設での収容に要した費用の回収の目的で、剝奪し

ようとしている。被告となっているのは、殺人で有罪とされ収容中のカーティス・ドーキンスで、小説は犯罪行為に関するものではなく、犯罪とは無関係のフィクションである。Edward Helmore, Michigan prisoner turned celebrated author may face incarceration bill, *The Guardian* (Feb. 19, 2018), https://www.theguardian.com/us-news/2018/feb/19/curtis-dawkins-the-graybar-hotel-michigan-prison-bill. 刑事施設収容者から、収容費用回収の目的で、表現行為を含む収益を剥奪するところはこのところ増えているようである。Lauren-Brooke Eisen, Charging Inmates Perpetuates Mass Incarceration, Brennan Center for Justice (2015), http://www.brennancenter.org/sites/default/files/blog/Charging_Inmates_Mass_Incarceration.pdf. 被害者救済とは異なる刑事施設収容費用の回収目的で、果たして表現行為からの収益を剥奪しうるのかどうか疑問もありえよう。

40　Yager, *supra* note 39, at 473-77. とりわけニューヨーク州の資産規定の場合、有罪判決を受けた人が刑事司法制度の中にある限りで適用されるが、仮出獄で釈放された人の中にも、終身保護観察が付されている犯罪は少なくなく、そのような条件が付されている人に対しては釈放されてからも一生この資産規定の適用が認められることになる。*Id.* at 475.

41　東日本大震災における原子力発電所の事故により生じた原子力損害に係る早期かつ確実な賠償を実現するための措置及び当該原子力損害に係る賠償請求権の消滅時効等の特例に関する法律（原賠時効特例法）。

42　Seres v. Lerner, 102 P. 3d 91, 99-100 (Nev. 2004).

43　Snyder v. Phelps, 562 U. S. 443 (2011).

44　Sue S. Okuda, *Criminal Antiprofit Laws: Some Thoughts in Favor of Their Constitutionality*, 76 Cal. L. Rev. 1352-53 (1988).

## 結びに代えて

1　実際、この神戸連続児童殺傷事件に関しては、マス・メディアのきわめて広汎な取材報道に加え、産経新聞大阪本社編集局『命の重さ取材して――神戸・児童連続殺傷事件』(産経新聞ニュースサービス、一九九七年)、朝日新聞大阪社会部編『暗い森――神戸連続児童殺傷事件』(朝日新聞社、一九九八年)などが出版されている。また、高山文彦『地獄の季節――「酒鬼薔薇聖斗」がいた場所』(新潮文庫、二〇〇一年)などのルポもある。さらに、少年Aの父母も、「少年A」の父母『「少年A」この子を生んで――父と母 悔恨の手記』(文藝春秋、一九九九年)を出版しており、さらに被害者遺族も土師守『淳』(新潮社、一九九八年)、山下京子『彩花へ――「生きる力」をありがとう』(河出文庫、二〇〇二年)などを出版している。

2 日刊ゲンダイ(二〇一五年六月二〇日)「「酒鬼薔薇」手記増刷 印税二〇〇〇万円超このまま渡していいのか」http://www.nikkan-gendai.com/articles/view/life/160946/.

3 元少年Aは印税の一部を賠償に充てたいと申し出たが、遺族は受け取りを拒否したと伝えられている。神戸新聞(二〇一七年五月二四日)「手記印税での賠償拒否 連続殺傷二〇年で淳君の父」https://www.kobe-np.co.jp/news/shakai/201705/0010217624.shtml.

4 Citizens Crime Commission of New York City, Guide to Juvenile Justice in New York City, http://www.nycrimecommission.org/pdfs/GuideToJuvenileJusticeInNYC.pdf. 少年事件の適用を一六歳及び一七歳にも認める動きがあるようである。

5 R. v. D. B.,[2008]2 SCR 3.

6 少年が犯罪を犯した場合に科される刑罰は「少年としての刑罰」と「成人としての刑罰」に区別される。少年としての刑罰の方が、収容期間が短い。成人としての刑罰が科された場合も、一八歳になるまでは少年刑事施設に収容されるが、一八歳になると成人のための州刑事施設ないし連邦刑務所に移送されて成人と同様の刑に服することがある。

7 Government of Canada, Department of Justice, The Youth Criminal Justice Act Summary and Background, http://www.justice.gc.ca/eng/cj-jp/yj-jj/tools-outils/back-hist.html.

8 神戸連続児童殺傷事件などを経て、一定の事件については検察官の関与を許し(少年法第二二条の二)、さらに一定の事件の場合には、合議によって審判を開くことも可能となった(裁判所法第三一条の四)。それでも、少年事件の審判手続は、依然として非公開であり、しかも「懇切を旨として、和やかに行うとともに、非行のある少年に対し自己の非行について内省を促すものとしなければならない」(少年法第二二条第一項)。とても刑事裁判のような対審とは一緒にはできないであろう。

9　内閣衆質一八九第二九九号(二〇一五年七月一〇日)衆議院二〇一五年七月一〇日受領　答弁第二九九号 http://www.shugiin.go.jp/internet/itdb_shitsumon.nsf/html/shitsumon/b189299.htm.

**松井茂記**
1955年生まれ，京都大学法学部卒業．大阪大学法学部教授を経て，現在，ブリティッシュ・コロンビア大学ピーター・アラード・スクール・オブ・ロー教授，大阪大学名誉教授．専攻は憲法．著書に，『情報公開法入門』(岩波新書)，『カナダの憲法』『図書館と表現の自由』『インターネットの憲法学　新版』(以上，岩波書店)，『日本国憲法 第3版』『司法審査と民主主義』『アメリカ憲法入門 第8版』(以上，有斐閣)，『マス・メディア法入門 第5版』(日本評論社)など多数．

犯罪加害者と表現の自由
——「サムの息子法」を考える

2018年10月18日　第1刷発行

著　者　松井茂記《まついしげのり》

発行者　岡本　厚

発行所　株式会社 岩波書店
〒101-8002 東京都千代田区一ツ橋2-5-5
電話案内 03-5210-4000
http://www.iwanami.co.jp/

印刷・三陽社　カバー・半七印刷　製本・松岳社


ISBN 978-4-00-024488-6　　Printed in Japan